Alex Vallières

PETITES INSOLENCES astrologiques

Des découvertes étonnantes
sur vous et ceux qui vous entourent

LES ÉDITIONS TRANSCONTINENTAL
TC Média Livres Inc.
5800, rue Saint-Denis, bureau 900
Montréal (Québec) H2S 3L5
Téléphone: 514 273-1066 ou 1 800 565-5531
www.tcmedialivres.com

Pour connaître nos autres titres, consultez **www.tcmedialivres.com.** Pour bénéficier de nos tarifs spéciaux s'appliquant aux bibliothèques d'entreprise ou aux achats en gros, informez-vous au 450 461-2782 ou au 1 855 861-2782 (faites le 2).

Catalogage avant publication de Bibliothèque et Archives nationales du Québec et Bibliothèque et Archives Canada

Vallières, Alex, 1959-

Petites insolences astrologiques: des découvertes étonnantes sur vous et ceux qui vous entourent

ISBN 978-2-89472-713-3

1. Zodiaque. 2. Astrologie. I. Titre.

BF1726.V34 2014 133.5'2 C2014-941226-6

Conception graphique: Marie-Josée Forest
Illustration de la page couverture: Bénédicte Voile
Mise en pages: Diane Marquette

Édition: Marie-Suzanne Menier
Collaboration à l'édition: Romy Snauwaert
Révision linguistique: Louis Emond
Correction d'épreuves: Andrée Hamelin

Imprimé au Canada

Dépôt légal - Bibliothèque et Archives nationales du Québec, 3e trimestre 2014
Bibliothèque et Archives Canada

Les Éditions Transcontinental remercient le gouvernement du Québec - Programme de crédit d'impôt pour l'édition de livres - Gestion SODEC.
Nous reconnaissons l'aide financière du gouvernement du Canada par l'entremise du Fonds du livre du Canada pour nos activités d'édition. Nous remercions également la SODEC de son appui financier (programmes Aide à l'édition et Aide à la promotion).

À maman, qui contemple désormais
les étoiles de près.

AVANT-PROPOS

« ON PEUT CONNAÎTRE LA VERTU D'UN HOMME EN OBSERVANT SES DÉFAUTS. »

Confucius, *Les entretiens*

C'est bien connu : personne ne croit à l'astrologie. Pourtant, qui n'a pas lu son horoscope sans y trouver, le jour où il en avait besoin, une certaine lueur d'espoir, même éphémère ? Ou qui n'a pas entendu, au moins une fois dans sa vie : « T'es Bélier ? Ah ! C'est pour ça que je m'entends si bien avec toi. » Ou en moins sympa : « Ah non ! Moi, les Scorpions, arrgh !... » (Ce qui sous-entend généralement que l'ex de votre interlocuteur était natif du signe honni publiquement. Faites le test, ça marche à tout coup !) Cela dit, et je suis navrée de vous l'apprendre aussi brutalement : l'astrologie n'explique pas tout. Elle ne constitue pas non plus une réponse parfaite au moindre doute inopiné sur l'existence. Et c'est bien comme ça.

Néanmoins, j'ai toujours cru (et ça remonte au jour où, à 15 ans, j'ai rencontré un bonze de l'astrologie) que la lecture des astres pouvait être un instrument épatant de connaissance de soi et des autres. Oui, l'astrologie donne des clés pour être plus heureux, pour cesser de se buter aux mêmes obstacles, pour se libérer de ses limites ou de ses manies. Pour en rire aussi. Bien entendu, les psys n'ont rien à craindre. Et bien loin de moi l'idée de suggérer que l'observation des planètes rivalise avec une bonne vieille psychanalyse (ou toute autre thérapie dans l'air du temps). Qu'on se le dise : l'astrologie n'est pas une science, mais un art. Et qui dit art suppose qu'on y trouve une part d'intuition, d'intelligence et d'inspiration. C'est dans cet esprit (un brin malicieux et un tantinet éclairé) que j'ai écrit ce livre. Un livre qui ose dire ce que les autres guides d'astrologie préfèrent taire. À mes yeux, chaque signe a sa face cachée, ses petits travers, ses aspirations intimes, ses failles inavouables et ses plaisirs coupables. Et c'est là-dessus que j'ai eu envie de poser mon regard et de donner, dans la foulée, des conseils pas toujours recommandables pour tirer le meilleur de chacun en évitant le pire.

Je ne suis pas de celles qui, pour faire de l'esbroufe, infligeront au lecteur (vous, en l'occurrence) des formules ésotériques du genre : « Mercure, en exil dans le signe du Sagittaire, au carré de l'ascendant... » Ou encore : « Saturne en conjonction avec la Lune dans la 12e maison... » Non. Car bien que ça fasse savant, ça ne fait qu'entraîner la confusion et provoquer l'agacement. Or, l'idée est de proposer des pages limpides et légères. (Mais qu'on se rassure, je maîtrise à la perfection le jargon astrologique, en plus d'en comprendre le sens et l'essence. Ce qui n'est pas rien quand vient le moment d'interpréter une carte du ciel, convenons-en.)

Vous ne trouverez pas non plus dans ce livre des prévisions risibles du type : « Vous rencontrerez l'amour sur une plage, en juillet. » Ou : « Votre compte en banque adoptera un régime minceur au retour des Fêtes. » Ce serait trop facile. Et franchement assommant. Dieu (ou Jupiter) sait si ça m'éloignerait de mon propos, qui n'a qu'un but : vous donner l'envie d'aller au-delà des apparences et de percer les secrets des 12 signes du zodiaque. Et, à tout hasard, de déclencher un éclat de rire dans le bus ou sur votre canapé (la lecture au volant étant nettement déconseillée).

Allez, soyez heureux. Gardez les pieds sur terre et la tête dans les étoiles. C'est la meilleure façon de traverser la vie, quel que soit votre signe.

Alex Vallières

SOMMAIRE

BÉLIER

21 MARS — 20 AVRIL

JE PERFORME, DONC JE SUIS.

LE BÉLIER SOUS LA LOUPE

Pour cet être de feu, la vie, c'est du sport. Ou, pour les plus philosophes du signe, ça se passe ici, maintenant et plus vite que ça! Vous l'aurez compris, le Bélier pratique le culte de la rapidité, synonyme pour lui d'efficacité et… de supériorité sur le commun des mortels qui osent – vils fainéants!* – perdre leur temps. Il faut le voir marcher au pas de course pour aller (con)quérir du lait au dépanneur, comme si sa vie en dépendait.

Glorifiant l'action et totalement incapable de résister à l'impulsion du moment, le Bélier est toujours partant pour l'aventure, la petite comme la grande. C'est du moins l'image qu'il aime se faire de lui-même. Il sera aventurier des temps modernes, sinon rien. Le plus souvent, il butine entre les deux, n'en déplaise à son ego surdimensionné. Mais qu'importe, cet être cornu carbure aux défis, aux sensations fortes et aux expériences extrêmes. Ça l'occupe et lui donne, du même coup, l'occasion de trouver à l'extérieur de lui-même ce qu'il ne prend même pas la peine de chercher en son for intérieur. Que voulez-vous, il n'a pas le temps!

Bien entendu, sa façon parfois risible de se péter les bretelles lui donne un petit côté macho, et qu'il soit homme ou femme ne change rien à l'affaire. Résultat: cet impénitent casse-cou aime bien faire « vroum-vroum-vroum » (notez le troisième « vroum », essentiel pour marquer la puissance de son engin motorisé) au volant de sa Batmobile, peu importe s'il pilote une Ford Focus. À vrai dire, le Bélier a tendance à souffrir de flagrant déni des réalités.

Indépendant, cet être dominé par Mars, planète de la force et de la combativité, revendique haut et fort – au grand désespoir de ses

*Fainéant: adjectif qui contient en lui seul le sens de certaines existences: « De ma vie, j'ai fait néant ». Facile de comprendre pourquoi le Bélier, *fait-tout* par excellence, abhorre ce genre d'individu.

voisins de bureau ou de table — son individualité. Allergique aux êtres fragiles, qu'il n'hésite pas à écarter d'un coup de corne vigoureux, il trouve un certain plaisir dans la confrontation, voire le conflit. Ça le stimule, ça le fouette et ça le nourrit. Bref, après lui, le déluge !

Mais le Bélier n'est pas que désagrément. À preuve, son optimisme et sa confiance inaltérables en l'avenir lui donnent un magnétisme fou. Comment résister à son entrain, à son dynamisme, à son ardeur ? D'accord, certains esprits chagrins le fuiront, mais la moyenne des ours recherchera sa compagnie, ne serait-ce que pour bien démarrer la journée et profiter de sa bonne humeur contagieuse. Normal qu'on lui reconnaisse un talent de leader-né qui, bien maîtrisé, lui permet d'accomplir de grandes choses et de faire avancer ses troupes.

Ardent défenseur de l'égalité des sexes et prêt à se battre pour faire valoir ses convictions, il fait preuve d'ouverture et de courage en toutes circonstances. Ce qui en fait un être très rafraîchissant. Mais... pas facile à vivre pour autant, surtout les jours de tempête et de sautes d'humeur. Et il y en a souvent. En raison de son degré élevé d'excitabilité, le Bélier peut exploser à tout moment. Autrement dit, il a la mèche courte. Sa façon de s'énerver pour un rien et ses mouvements de colère, qu'il tente vainement de maîtriser, sont aussi distrayants que nuisibles. Mais ne le lui dites surtout pas, à moins d'accorder peu d'importance à votre couple/boulot/voisinage, etc. Fort heureusement, le Bélier se calme vite, allant jusqu'à oublier la raison de ses éruptions volcaniques. Peu importe qu'il y ait eu moult victimes et dommages collatéraux.

Ce qui nous mène à son sens des réalités — ou plutôt à son absence dudit sens. Certains s'exclameront : « Mais voyons, le Bélier est un être trèèès concret ! » *Well, let's agree to disagree*, comme le susurrent nos amis anglo-saxons. La preuve par quatre :

1) Le Bélier rejette les compromis et ne reconnaît ni les obstacles ni l'impossibilité des rêves ;
2) Le Bélier veut tout, tout de suite, coûte que coûte ;
3) Le Bélier nie ses limites et, dans la foulée, celles des autres ;
4) Le Bélier croit sincèrement en ses pouvoirs de superhéros.

Fuite du réel, je disais. Car si on pouvait jouer éternellement les superhéros dans la vie, sans jamais avoir besoin de repos ni essuyer d'échecs, on le saurait. Chose certaine, ce besoin viscéral d'être toujours le premier et le meilleur est diablement épuisant. La quête de l'excellence, c'est bien ; à l'excès, c'est chiant.

Mais que voulez-vous, pour le Bélier, la vie est un combat qu'il compte remporter ! Et férocement.

SA FACE CACHÉE

CE QUI LE FAIT COURIR

Sa peur dévorante du vide et de l'ennui explique sa course perpétuelle contre la montre. Ajoutez à sa fuite en avant une bonne dose d'insécurité et d'impatience, et vous comprendrez pourquoi il passe d'un engouement à l'autre dans un même souffle. Le drame, c'est que dès qu'il comble un besoin il est condamné à s'en découvrir un nouveau.

CE QU'IL ÉVITE COMME LA PESTE

Montrer sa vulnérabilité, parler de ses émotions, surtout de ses doutes et de ses craintes. Bref, avoir l'air faible, mot infââââme qu'il a proscrit de son vocabulaire.

SON ENNEMI INTIME

Sa propre soi-disant toute-puissance. S'il pouvait la dompter, il s'éviterait bien des tensions et des railleries. Car, pour paraphraser le philosophe chinois Huang Po, à aboyer à la moindre brise qui passe, il ressemble à un chien fou.

SON FANTASME INAVOUABLE

S'il pouvait baisser la garde… et poser sa tête sur une épaule solide. S'il pouvait se reposer sur l'autre, lui laisser prendre l'initiative et toutes les décisions (surtout celles qui touchent aux choses du quotidien, car il déteste le ménage, le pelletage et le tondage). Mais avec ce héros en puissance, la récréation ne dure jamais longtemps.

CEUX QU'IL ENVIE EN SECRET

James Bond (version Daniel Craig), ça va de soi. Mais, au fond, le Bélier envie ceux qui arborent leurs émotions comme un étendard et qui attirent les bonnes grâces des autres sans pour autant être critiqués pour leur fragilité.

SA MANIE AGAÇANTE

Ses *tweets* en rafale à propos de ses exploits au jogging (chronos en prime) et de sa dernière conquête du K2.

SA PHRASE FÉTICHE

« *What you see is what you get !* », lancée sur un ton aussi décapant que sa franchise, dont il est très très fier. Qu'on traduira par « *Go, go, go !* » pour les inconditionnels de *Lance et compte*.

SON MAUVAIS KARMA

Impulsif, hardi et, ma foi, amnésique, il ne tire aucune leçon du passé. Il est donc condamné à refaire les mêmes erreurs, claironnant « Même pas mal ! » en se relevant du parquet de la Bourse ou de la piste de ski double diamant.

SA FAILLE HONTEUSE

Grande gueule et volontiers abrasif, le Bélier manque toutefois d'arguments pour articuler quelque peu sa pensée. D'où son réflexe de claquer la porte lorsqu'il sent que vous avez le dessus. Faites le test : lancez-vous dans une diatribe contre le capitalisme sauvage (mettons) et observez son horreur épidermique des grands débats et des grandes analyses, qui le renvoient à son manque flagrant de profondeur intellectuelle. La honte, quoi.

SON COMBAT INTÉRIEUR

Trouver l'équilibre entre sa soif d'indépendance (un autre qui n'a besoin de personne sur sa Harley-Davidson) et son besoin viscéral de soutien enthousiaste dans ses moindres décisions, entreprises et conquêtes. Bref, sans votre appui ou vos applaudissements, il se sent nul. Mais ça, il ne l'avouera jamais… même pas à lui-même.

CÔTÉ CŒUR

Tout Bélier qui se respecte sait faire la différence entre amour et désir, c'est connu. Et bien qu'il multiplie les conquêtes et les aventures, une fois amoureux, il révèle une sensibilité à fleur de peau qui s'exprime par une quête effrénée du plaisir. Passé le cap de l'aventure, c'est le complice de rêve pour faire sortir le couple de sa zone de confort, pour profiter goulûment du moment présent sans voir le temps passer. Avec lui, la vie n'est ni beige ni prévisible. À condition de suivre le rythme. Car là-dessus, il se montre intraitable. Cela dit, est-il fidèle, comme dans « pour le meilleur et pour le pire » ? Hum, pas sûr. En effet, le Bélier, friand de variété, se lasse vite... Mais quelle vie excitante à l'horizon ! Frissons garantis.

CE QU'IL ATTEND EN RETOUR

Que vous le laissiez libre tout en le soutenant dans ses projets, surtout les plus ambitieux. Natures inquiètes, possessives et jalouses, s'abstenir. À moins d'être maso.

SON DÉSIR PROFOND

Vous soumettre à ses désirs changeants, exigeants et successifs, tout en espérant que vous lui résistiez un minimum, c'est-à-dire pas plus d'une heure. Sinon, quel intérêt ?

SOUS LA COUETTE (OU CONTRE LE MUR DE L'ENTRÉE)

Désir effréné, libido surpuissante, jouissance explosive... En moins de temps qu'il ne lui en faut pour prendre ses cornes à son cou, le Bélier fonce, tête baissée, vers l'objet de son désir – vous, en l'occurrence. Il fait les avances et prend les commandes. Par exemple, il vous prend d'assaut debout, appuyé au mur de l'entrée, en déchirant tout ce qui lui tombe sous la main. Morale : rien ne sert d'investir dans un balconnet hors de prix, mais je m'égare... Côté endurance, le Bélier se qualifie davantage au sprint qu'au marathon. Fiévreux, agacé par les préliminaires, il vise l'orgasme au quart de tour. Ne surtout pas négliger sa tendance à érotiser le danger : lieux clandestins, performances extrêmes et p'tites vites acrobatiques. Vous voilà prévenu !

SON PARTENAIRE IDÉAL

Le type mystérieux peut piquer sa curiosité, mais pendant un temps seulement. Quant au type gros nounours, elle n'en fera qu'une bouchée. Ce qu'il lui faut, c'est un mâle bien dans sa peau, actif et créatif sous la couette ou dans une voiture décapotable pour mieux satisfaire son penchant pour l'exhibitionnisme.

SON AMANTE IDÉALE

Vade retro, paresseuse se la jouant étoile de mer, blonde complexée ou aux allures de planche à laver : notre viril Bélier a soif de sensations fortes, de courbes et de prouesses dignes du *Kamasutra*. En clair, il lui faut une bombe – un pétard convient aussi très bien – pour atteindre l'incandescence à l'horizontale. Et dans toutes les positions imaginables.

SEXOTHÉRAPIE UNIVERSELLE

Et s'ils donnaient congé au macho ou à la dominatrice en eux, pour une fois ? Leur mission : laisser leur partenaire prendre le dessus, littéralement. Leur défi : les yeux bandés (le reste, à leur guise), s'abandonner totalement aux caresses de leur conquête d'une nuit ou d'une vie en perdant toute notion du temps. Interdit de se minuter, compris ?

CE QU'ON DIT DANS SON DOS

« IL MÂCHE PAS SES MOTS, MAIS, AU MOINS, TU SAIS À QUOI T'EN TENIR ! »

« S'il réfléchissait un peu avant d'agir, il nous foutrait moins dans la m... ! »

« PDG, mère de deux enfants, engagée dans la lutte contre le cancer, coach de soccer, joggeuse... Je sais pas comment elle fait ! »

« Qu'est-ce qu'il cherche à (se) prouver, celui-là ? »

« Il me booste quand ça va mal ou que je suis sur le point de lâcher ! »

« NON MAIS, QUEL *BOSS* DES BÉCOSSES ! »

« J'aimerais bien avoir sa *drive* ! Je pourrais enfin m'affirmer. »

ELLE EST TELLEMENT STRESSANTE. ÇA NE VA JAMAIS ASSEZ VITE À SON GOÛT ! »

KIT DE SURVIE POUR SES PROCHES

En amour

COMMENT LE SÉDUIRE

Deux possibilités : soit vous le suivez à fond de train dans ses folles équipées sans poser de questions, soit vous feignez l'indifférence en filant dans la nuit sur votre moto (ou votre vélo pour les plus écolos). Bref, faites vibrer sa fibre d'aventurier et son cœur d'enfant. Coup de foudre assuré.

COMMENT LE REFROIDIR

En jouant les inaccessibles trop longtemps : le Bélier, impatient, aura tôt fait de se lancer sur une autre piste plus excitante et à portée de main… baladeuse.

COMMENT S'EN SERVIR

Si vous possédez un condo, vous vous réjouirez d'avoir un Bélier-castor bricoleur sous la main. Carburant à l'odeur du bran de scie, il exécutera les travaux avec la vigueur et la sueur de circonstance. Ce sera vite fait. Bien fait ? Rien n'est moins sûr.

COMMENT FAIRE DURER L'AMOUR

Avec le Bélier, tout est question de rythme et d'intensité. Mon conseil : accélérez le pas, vivez à fond le moment présent et surpassez-vous dès le saut du lit (ce qui, dans ce cas, ne sera pas qu'une figure de style). Surtout, ne vous prenez pas au sérieux. Vous devriez normalement dépasser le cap des six mois…

COMMENT ROMPRE AVEC LUI

Justement, vite fait, bien fait. Loin des grandes explications, des reproches et des regrets. Allez droit au but : « Je ne t'aime plus. Adieu. » Et partez aussitôt sans vous retourner – à condition, bien entendu, de ne pas être chez vous. D'où l'intérêt d'opter pour un endroit public.

COMMENT SE DISPUTER AVEC LUI

Facile ! Il suffit de mentionner la grosseur de l'engin motorisé de son voisin ou les performances athlétiques de sa voisine.

COMMENT VOUS RÉCONCILIER (SI VOUS Y TENEZ !)

Une centaine de textos et d'appels plus tard, votre chéri se repent ? Ne cédez pas trop vite. Vantez-lui plutôt votre nouvelle vie sans lui. Et voyez-le se pointer illico. Savourez votre victoire.

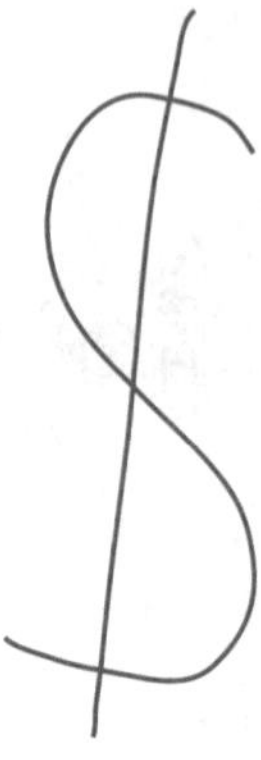

Au boulot

COMMENT COLLABORER AVEC LUI

Vénérez son dynamisme et jouez-la façon bon petit soldat ou scout en délire. Sinon, changez d'équipe.

COMMENT LE MOTIVER

Ne minimisez pas les efforts ni les défis à surmonter, ce sont des stimulants pour lui ! Et faites-lui miroiter une récompense. Mais gare aux promesses non tenues, qui vous feront perdre sa loyauté, même passagère.

COMMENT L'INFLUENCER

Faites-le en tête-à-tête, jamais en public (répétez après moi). Laissez-lui croire qu'il a pris l'initiative et qu'il a la situation bien en main. Comme il est plus tactique que stratégique, valorisez son côté missile de croisière. Et admirez le résultat. Ou les dégâts.

COMMENT ABUSER DE LUI

Parlez-lui de vos projets, il se montrera tellement enthousiaste que vous en serez galvanisé. Quitte à lui voler au passage la promotion qu'il convoite.

COMMENT OBTENIR UNE PROMOTION, UNE AUGMENTATION DE SALAIRE OU UN JOUR DE CONGÉ

Pas de coup d'éclat, de succès fulgurant à votre palmarès ? Oubliez ça. Le Bélier se fiche éperdument de votre ponctualité d'employé modèle. Il veut de l'exceptionnel. Réclamez votre augmentation/promotion/jour de congé sans détour. Il vous l'accordera, ne serait-ce que pour être le patron du mois.

En amitié

COMMENT DEVENIR SON AMI

En l'abordant d'égal à égal. En amitié, le Bélier sait faire taire son instinct de rivalité et exige l'égalité. Soyez fort aussi, car s'il entend une plainte, il vous fuira sur-le-champ. Ou en pleine rue.

COMMENT LUI DEMANDER DE L'AIDE

Brièvement. Faites-lui part de vos besoins en deux phrases maximum. Et taisez-vous. Laissez-le vous exposer sa surpuissance, flattez-le au besoin, sans insister. Et détalez avant qu'il ne change d'idée.

COMMENT LUI APPORTER VOTRE SOUTIEN

Gommez toute empathie, signe que vous avez détecté sa détresse. Présentez-lui plutôt votre appui comme un joker qui lui fera gagner la partie. Et assurez-le de votre entière discrétion.

COMMENT LUI EMPRUNTER DE L'ARGENT

Exit les fla-flas: « Je suis à sec. Peux-tu me dépanner ? » Il sera prêteur, à condition d'avoir un peu d'économies. Car le Bélier est dépensier, et là n'est pas son moindre défaut.

COMMENT NOURRIR VOTRE AMITIÉ

En donnant beaucoup et en n'attendant ni les compliments, ni les excuses, ni les regrets, et tout ira bien. Mais en comptant sur ses actes plus que sur ses belles paroles.

TAUREAU

21 AVRIL — 21 MAI

JE RUMINE, DONC JE SUIS.

LE TAUREAU SOUS LA LOUPE

À en croire le Taureau, on est sur Terre pour vivre dans le confort gourmand, gonfler ses RÉER et assurer ses arrières. Bref, pour jouir tout en parant au pire. On dit du Taureau qu'il est lent et indolent. Avide et cupide. Sensuel et consensuel. Les mauvaises langues le diront « fait pour la vie pépère ». Difficile d'arguer le contraire. Mais d'où lui vient cette peur viscérale de manquer et de perdre ce à quoi il tient férocement, qu'il s'agisse d'argent, de ses proches ou de son bien-être ? Certains freudiens, que je ne nommerai pas même sous la torture, l'attribuent à une insécurité profonde, à un manque de confiance en l'avenir. D'autres, moins jojos, y voient l'obsession de combler un vide intérieur, la pulsion d'accumuler, qui se transforme en ivresse à la vue du livret d'un compte en banque ou d'un garde-manger bien garnis. D'autres enfin, plus tordus, décèlent dans cette soif de certitude une dépendance à l'immutabilité, voire une volonté de conjurer la mort. Mais ne cédons pas à de morbides élucubrations.

Restons légers. Après tout, le Taureau, ce fils de Vénus, prêtresse de l'amour et de la volupté, sait goûter les plaisirs charnels comme nul autre. Alors faisons-lui honneur. Grand amoureux de la nature, attaché à la terre, aux fleurs, aux z'oizeaux et à son potager bio, il est le candidat idéal à *L'amour est dans le pré*. Ne riez pas, on a vu souvent des natifs du signe s'adonner à de torrides ébats dans une botte de foin. Certains ont même été filmés : la preuve que l'astrologie est une science exacte.

Bien entendu, le Taureau ne fait pas que batifoler en plein air ; il s'avachit aussi très bien chez lui. Dans un canapé moelleux de préférence. Je le soupçonne d'avoir inventé le *cocooning*, éminemment profitable aux vendeurs de cinémas-maison. D'ailleurs, n'a-t-il pas fait sa devise des mots de ce bon vieux Guillaume Apollinaire : « La popote, la famille, un bon chez-soi... nous étions heureux » ? Ce qui explique ses talents inégalés de cuistot, de parent et de casanier. Avis aux amateurs de douces habitudes et de molles pantoufles.

À son meilleur – et il l'est souvent –, le natif du Taureau charme par sa personnalité rassurante. Simple et authentique, il a le chic pour mettre les gens à l'aise, les envelopper de sa voix caressante et les inviter à passer au salon prendre un verre de whiskey et quelques bouchées concoctées de ses blanches mains. Ennemi juré de la brusquerie et de l'agitation inutile, il incarne la douceur de vivre à lui tout seul. Lui, tout seul ? Ça lui arrive rarement, car il préfère la vie en société, ou la simple présence de l'être aimé.

Épicurien dans l'âme, le Taureau ne cherche qu'à combler les « désirs naturels et nécessaires », qui, pour lui, riment avec bon plat, bon vin, grands parfums, pulls en cachemire écossais, tire-bouchon design et peintures d'artistes cotés. Collectionneur de valeurs sûres, il aime s'entourer d'œuvres et d'objets qui embellissent son quotidien, sans trop le bousculer. N'oublions pas qu'à la rôtisserie il choisit invariablement la salade de chou traditionnelle. Ça en dit long sur son besoin d'avant-garde.

Parlons-en, de son tempérament prévisible. Une fois sorti de chez lui le matin, normalement à heure fixe, il se rend au boulot lentement mais sûrement. Ce qui lui permet de réaliser des économies appréciables sur son assurance auto et de mettre la pédale douce côté stress. Futé, le Taureau. Contremaître attitré du bureau ou de tout chantier, il creuse et jette les fondations des projets. Il est ingénieur, architecte, pas décorateur (il laisse ça à la Balance). Persévérant, tenace et farouchement productif malgré la fatigue, les tensions et les embûches, il se tue à la tâche. À condition qu'elle ne lui soit pas imposée. Dans ce cas, bonjour la résistance ! Quiconque a déjà tenté de faire bouger/avancer/progresser cette bête cornue contre son gré sait de quoi je parle. Sa force d'inertie en a achevé plus d'un.

Normal, le Taureau est un ruminant. Qui, en plus, n'a rien du télépathe. Il faut donc tout lui expliquer, en abandonnant l'idée qu'il lise entre les lignes. Puis patienter. Le temps qu'il mâche l'information deux fois plutôt qu'une et qu'il décide d'agir ou non. Hélas, sa peur du changement et de perdre une parcelle de son territoire le condamne à l'inaction. Mais pour le Taureau, cette langueur a ses avantages. Elle l'empêche de sortir de sa sacro-sainte zone de confort. Mieux, elle agit comme un rempart protégeant son existence routinière et ronronnante des outrages du temps. Sa paix d'esprit se maintient à ce prix-là. Et il s'en donne largement les moyens.

SA FACE CACHÉE

CE QUI LE FAIT COURIR

Franchement ? C'est l'appât du gain. « Ça n'a rien de sage », comme dirait le dalaï-lama, mais c'est comme ça. Accumuler le rassure, que ce soient des billets en petites coupures, des rouleaux de papier de toilette « en spécial », des étoiles auprès du *big boss* ou des amis sur Facebook. Et ça lui permet de dormir tranquille. Le Taureau est une âme simple, au fond.

CE QU'IL ÉVITE COMME LA PESTE

Voir ses opinions contrariées, se sentir obligé de trancher dans le vif ou, pire, être enfermé dans une pièce dépourvue de style et désordonnée... Pourquoi ? Parce que ça lui fait le même effet que la *muleta*, l'étoffe rouge agitée devant le taureau, prêt à se livrer à une charge violente. Et comme ça l'épuise, il se contente de respirer par le nez. Il n'a pas de grosses narines pour rien.

SON FANTASME INAVOUABLE

S'il pouvait tout envoyer valser ! Sortir de sa léthargie et réveiller l'aventurier qui roupille en lui. Il pourrait même prendre des risques mal calculés, mieux, pas calculés du tout, (se) dépenser sans compter et éblouir son entourage ! Mais puisqu'il n'a pas fait vœu de pauvreté, il se rendort tranquillement.

SON ENNEMI INTIME

Le Taureau veut vivre pleinement. À condition que rien ne change. Que rien ne bouge. Pourquoi être dans le rouge quand on peut se vautrer dans le beige ? Le hic, c'est que sa résistance au changement (doux euphémisme), son embourgeoisement – peu importe s'il a 20 ou 70 ans – lui fait manquer de bonnes occasions de s'ouvrir au monde et de vivre pleinement.

CEUX QU'IL ENVIE EN SECRET

Il les méprise publiquement, mais il rage de voir ces ambitieux atteindre des sommets (de quoi ? c'est un autre débat). À l'évidence, le Taureau n'a pas l'« instinct du tueur » des Underwood dans *House of Cards* ou, pour les plus nostalgiques, de J. R. dans *Dallas*. Que voulez-vous, il se contente de peu, du moment que ça se mange! Tel est son destin.

SA MANIE AGAÇANTE

Au resto, il commande les plats les plus chers, plus de sushis ou de vin millésimé qu'il n'en faut. Puis, il s'empare de l'addition... qu'il s'applique à répartir également, calculatrice à la main, entre ses compagnons de table. Inutile d'en rajouter.

SA PHRASE FÉTICHE

« Je vais y penser. » Qui n'a pas entendu cette phrase passe-partout du Taureau incapable de la moindre spontanéité? C'est crispant.

SON MAUVAIS KARMA

Grand amoureux, le Taureau est possessif. Jusque-là, rien de sensationnel. Mais lorsque ce penchant naturel se transforme en envahissement de l'être aimé ou en inquisition systématique, ça donne envie de prendre la sortie. Il s'accroche pourtant désespérément, de crainte de voir l'autre lui filer entre les doigts. Mais à ce jeu-là il perd des points. Et trop souvent, la partie.

SA FAILLE HONTEUSE

Ne vous fiez pas à son air pénétré lorsque vous lui racontez vos soucis et vos déconvenues:

1) il pense à autre chose;
2) il déteste entendre les problèmes des autres (il en a bien assez des siens);
3) il cherche la phrase consolatrice par excellence dans son répertoire fort limité, du type: « J'suis pas inquiet pour toi. Tu vas t'en sortir. » Ce qui lui permet de vous rassurer provisoirement et de retourner à sa télésérie préférée sans se prendre la tête plus longtemps. Du grand art.

SON COMBAT INTÉRIEUR

Comment concilier ses goûts de luxe et son comportement radin? Fichue de bonne question, qui occupe d'ailleurs intensément ses pensées. « Une bouteille de Dom Pérignon ou une dernière cotisation à mon CELI? » Le plus souvent, il rationalise. Une demi-bouteille de champagne le satisfera. Et s'il ne se résout pas à un tel rationnement, il s'arrange pour faire dépenser ses proches (ou un prétendant très motivé) dans le but d'assouvir son inclination pour les bonnes choses de la vie.

CÔTÉ CŒUR

Ce grand amoureux devant l'Éternel ne souhaite qu'une chose : construire une relation solide qui défie le temps. Évidemment, cela ne se fait pas à la hâte, d'autant plus qu'à ses yeux « le temps ne respecte pas ce qui se fait sans lui ». (Une formule de l'écrivain français Paul Morand qu'il aurait tant aimé écrire.) Bref, il s'émeut lentement, mais il s'engage entièrement dans tout ce qu'il entreprend, particulièrement si cela touche l'être aimé ou à conquérir. Et il s'attache, à la vie à la mort. Mais pour qui veut le conquérir, alors là, patience ! Car la nouveauté l'effraie et l'idée de bouleverser ses petites habitudes chèrement acquises peut le freiner davantage. Outre le temps lui-même, les moyens de le passer aisément comptent beaucoup pour le Taureau. Bon vivant et aimant profiter des plaisirs de la vie, il se montre sensible à un portefeuille bien garni ou à une promesse d'existence confortable, disons. Mais, une fois rassuré sur son avenir affectif et matériel (peu importe si tout cela est illusoire), il éblouit sa partenaire par son amour attentif, protecteur et généreux. Mieux, il est déjà l'un des derniers amants romantiques en ce début de siècle. Avis aux intéressé(e)s.

CE QU'IL ATTEND EN RETOUR

Des paroles apaisantes, des câlins enveloppants, des promesses tenues. Le tout à répéter très souvent pour mieux le rassurer et prévenir ses pointes d'insécurité, voire de jalousie. C'est exténuant mais payant.

SON DÉSIR PROFOND

Charmer la planète entière. S'il se laisse aller à l'idée, c'est purement pour flatter son ego, rien de plus. Le Taureau est carré, immuable, trop fidèle pour passer à l'acte.

SOUS LA COUETTE (OU SUR LA TABLE DE CUISINE)

« Beauté, sensualité, volupté », voilà sa devise. Pour lui, érotisme rime avec douceur et lenteur.

Surtout pas d'empressement sous la couette : il aime goûter chaque minute et prolonger le plaisir jusqu'à l'épuisement. Réputé pour son endurance et son application, il emmène sa partenaire au septième ciel lentement mais sûrement. Insatiable, il aime donner et recevoir du plaisir sans compter. Sans compter, vraiment ? Pas si sûr. Car en cas d'insatisfaction, il n'hésite pas à le faire savoir et à réclamer son dû. Il pourrait même vous en tenir rigueur, voire vous bouder, si la situation se répète trop souvent à son goût. C'est le prix à payer pour profiter de sa libido dévorante. Mais, autrement, on peut s'attendre à vivre d'ardents ébats, sur un rythme langoureux et exécutés dans des lieux sûrs, préférablement à éclairage tamisé. Quête esthétique oblige.

SON PARTENAIRE IDÉAL

Ouste, le mâle papillonnant et imprévisible qui la rendrait folle de jalousie. Ou l'aspirant imbu de sa personne et sur le bord du *burn-out*. Ce qu'il lui faut, c'est un homme à la force tranquille, viril et sûr de lui. Un homme, un vrai (!), qui la traite comme une déesse. La flatterie, l'argent et les cadeaux griffés ont valeur d'aphrodisiaque pour la femme Taureau, il ne faut jamais l'oublier.

SON AMANTE IDÉALE

Cet hédoniste patient (ce n'est pas incompatible dans son cas) recherche une compagne de table et de lit. Ultraféminine, ça va de soi. Qui aime les repas bien arrosés aussi bien que les baisers appuyés. Et tout ce qui s'ensuit. Si, en plus, elle aime envoyer balader ses stilettos vertigineux en pleine nature, il aura la certitude d'avoir trouvé chaussure à son pied.

SEXOTHÉRAPIE UNIVERSELLE

Adepte des valeurs sûres, il flirte avec la routine. Sa mission : varier les plaisirs... sur une base régulière. Ce qui ne devrait pas trop le heurter. Ma suggestion : s'inspirer sans complexe de la fameuse scène érotico-gourmande de *9 semaines 1/2*.

CE QU'ON DIT DANS SON DOS

«ELLE SE FÂCHE PAS SOUVENT, MAIS QUAND ELLE PÈTE LES PLOMBS... ATTENTION!»

«Il est tellement fiable, intègre et droit. Tu peux lui confier le budget les yeux fermés.»

«Depuis qu'on s'est rencontrés, il me demande constamment ce que je fais, où je vais, avec qui, à quelle heure je compte rentrer. C'est l'enfer!»

« Elle aime profondément la nature. T'as vu son jardin ? Il est enchanteur. »

« VINGT-CINQ ANS AU SEIN DE LA MÊME ENTREPRISE. PLUS STABLE QUE LUI, TU MEURS ! »

« Dès qu'on fait quelque chose de nouveau, il faut le pousser dans le dos... »

« PAS ENCORE LE RÉCIT DE SON DERNIER SOUPER GASTRONOMIQUE ! ON VA ENCORE SE FARCIR SA SOIRÉE EN DÉTAIL. PITIÉ ! »

KIT DE SURVIE POUR SES PROCHES

En amour

COMMENT LE SÉDUIRE

En lui faisant miroiter la possibilité d'un lien stable et inaltérable correspondant à l'idée qu'il se fait de la vie à deux, vous ferez tomber ses défenses une à une.

COMMENT LE REFROIDIR

Soyez frivole, capricieux, inconstant, bref tout ce qu'il a en horreur. Brouillez les pistes et ses repères. Mieux, attisez sa peur d'être négligé, abandonné. Ça le glacera pour un bon moment.

COMMENT S'EN SERVIR

Faites-en votre cuistot attitré, mieux, votre chef en résidence. Habile aux fourneaux et à la planche à découper, il se fera un plaisir de cuisiner et de faire braiser vos quatre volontés. N'oubliez pas de lui fournir une toque étoilée. C'est du tout cuit.

COMMENT FAIRE DURER L'AMOUR

La stabilité et tout le bataclan, c'est bien joli, mais à la longue c'est tuant. Solution : donnez-lui envie (inutile de le pousser à faire quoi que ce soit) de voyager, de s'évader du quotidien. Faites-lui subtilement valoir l'effet que ça aura sur son moral, sur sa joie de vivre, voire sur sa productivité. En amour, tous les coups sont permis.

COMMENT ROMPRE AVEC LUI

Idéalement, dans son sommeil, afin qu'il ne s'aperçoive pas de vos sombres manœuvres. Et, sur une note plus égoïste, pour vous éviter une scène digne d'un opéra alliant puissance tragique et prouesse technique. Car le Taureau, tragédien à sa façon, possède également une voix de stentor.

COMMENT SE DISPUTER AVEC LUI

Ça ne se fera pas instantanément, mais en cas d'explosion, prévoyez un abri nucléaire où vous réfugier. Pour avoir droit à ses foudres, retards prolongés, dépenses inconsidérées, gaspillage éhonté et pressions répétées devraient suffire. Sinon, jouez le tout pour le tout et trompez-le. Aux abris !

COMMENT VOUS RÉCONCILIER (SI VOUS Y TENEZ !)

Si vous pouvez faire preuve d'une patience inimaginable. Si vous pouvez marcher sur votre orgueil. Si vous pouvez essuyer 20 refus. Si vous savez faire preuve d'un pouvoir de persuasion hors du commun. Dans ces cas-là, tentez le coup. Sinon, c'est peine perdue.

Au boulot

COMMENT COLLABORER AVEC LUI

La recette éprouvée: mettez-vous sérieusement au travail. Ne perdez pas de temps. Ne le dérangez pas à tout bout de champ. Arrivez à l'heure. Respectez son rythme. Ne le contredisez pas. Et tout ira bien.

COMMENT LE MOTIVER

Des promesses de boni, d'actions d'entreprise, de participations à long terme n'ont jamais fait de mal à personne. Surtout pas à une créature de terre comme lui.

COMMENT L'INFLUENCER

Pas facile mais pas impossible. En exaltant son côté pragmatique, en le rassurant quant aux risques potentiels quasi nuls, tout en flattant son côté artistique, vous pouvez espérer l'avoir dans votre poche.

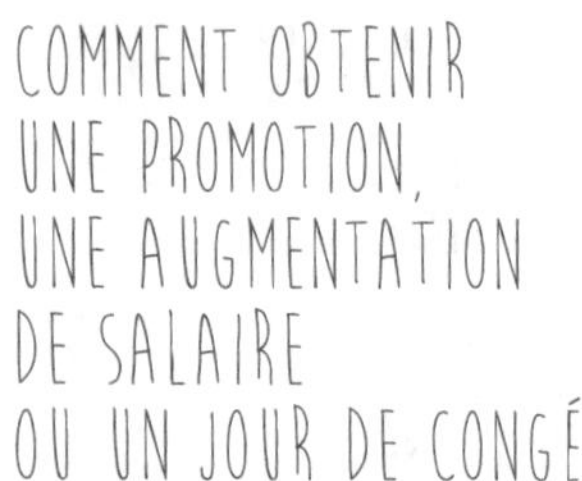

COMMENT OBTENIR UNE PROMOTION, UNE AUGMENTATION DE SALAIRE OU UN JOUR DE CONGÉ

Brandissez vos bons résultats financiers, vos succès à la loterie du comité organisateur du bureau, la santé économique de votre service. Des chiffres, des gains, des profits. Parlez son langage. N'abusez pas de son temps. Et préparez-vous à faire votre demande à deux ou trois reprises. Faites provision de patience.

COMMENT ABUSER DE LUI

Avec de la flatterie. Un peu, beaucoup, exagérément. C'est parfois tout ce qu'il faut. Gare cependant aux promesses que vous n'avez aucune intention de tenir. Il ne vous le pardonnerait pas.

En amitié

COMMENT DEVENIR SON AMI

En passant à table, sans aucun doute. D'ailleurs, s'il vous voit chipoter dans votre assiette ou multiplier les caprices auprès du serveur, vos chances de le compter dans votre équipe de bridge ou de boulingrin (un jeu de boules pratiqué sur terrain gazonné) sont nulles. Idem si vous l'invitez à faire du *bungee* ou tout autre sport extrême.

COMMENT LUI DEMANDER DE L'AIDE

Interdit de faire dans le chantage ou la sentimentalité à outrance. Feu vert pour une demande honnête et sans faux-fuyant. Restez concret et pragmatique, comme lui.

COMMENT LUI APPORTER VOTRE SOUTIEN (MÊME S'IL CLAME NE PAS EN AVOIR BESOIN)

Il n'acceptera pas tout de suite, mais si vous insistez, il l'acceptera volontiers. Il est peut-être entêté, mais pas au point de refuser la main qui l'empêchera de s'enliser.

COMMENT LUI EMPRUNTER DE L'ARGENT

Il voudrait bien, mais... S'il pouvait, il le ferait, mais... Si ses affaires n'allaient pas si mal... Bref, ne perdez pas votre temps et allez cogner à la porte d'un ami moins anxieux lorsqu'il est question d'argent.

COMMENT NOURRIR VOTRE AMITIÉ

Nourrir ? Je ne pourrais pas mieux dire ! En partageant la bonne chère, bien sûr, mais aussi en courant les expos au musée, les concerts et les pièces de théâtre (pas trop avant-gardistes), en échangeant vos trucs de cuisine et de beauté, en partageant vos lectures, en prenant un verre au coin du feu. Bref, en savourant les petits plaisirs de la vie. Il y a pire...

GÉMEAUX

22 MAI — 21 JUIN

JE PAPILLONNE,
DONC JE SUIS.

LE GÉMEAUX SOUS LA LOUPE

Enfant de la bohème, ce signe d'air a vite compris que si le Ciel lui a donné des ailes, c'est pour qu'il s'en serve. L'idée, c'est de savoir où sont les limites, et c'est là que ça se gâte. Parce que notre ami Gémeaux, allergique aux limites et à l'enfermement, a le chic d'aller trop loin, mais rarement jusqu'au bout — que ce soit d'une idée, d'un projet ou d'une tentation. Comme s'il se gardait toujours de la place pour le dessert. En vérité, il se ménage toujours une petite marge de manœuvre pour se volatiliser au moment opportun. Bien souvent le Gémeaux varie, bien fol qui s'y fie. Frustrant, vous dites ?

Vrai, le Gémeaux désarçonne avec sa nature instable, ses émotions changeantes et ses humeurs imprévisibles. Normal, puisqu'il trace lui-même son destin au gré des rencontres, des occasions et des humeurs, bonnes ou mauvaises. En quête d'un destin hors du commun (c'est ce qu'il se dit depuis l'enfance), il déploie beaucoup d'efforts pour faire de chaque jour une fête. Méchant programme ! Après, il se demande pourquoi il tombe de fatigue en se rendant au trentième tapis rouge de la saison ou, plus rarement, devant le douzième épisode de *30 vies*.

Mais voilà, pour ce perturbateur en chef du zodiaque, libre et insouciant, rien ne compte plus que la fraîcheur de la nouveauté. Intensément curieux, l'esprit toujours en éveil pour découvrir le dernier artiste émergent, la capitale tendance, le resto m'as-tu-vu et la paire de chaussures la plus *hot*, le Gémeaux est ouvert à tout ce qui bouge. Référence absolue en matière d'actualité culturelle, internationale et sportive et d'actualité tout court, il est au courant de tout et en parle avec une aisance et un aplomb éblouissants. Même s'il n'en connaît que la pointe de l'iceberg, car pour les profondeurs, on repassera. Il en sait très peu sur beaucoup de choses. Bref, c'est un superficiel à l'intelligence étincelante. Et il s'en sert habilement.

Sa curiosité parfois mal canalisée peut l'amener à se disperser et à s'étourdir. Et que dire de sa verve, sinon qu'elle l'entraîne à embellir la vérité, voire à la manipuler, pour mieux servir son propos... du moment ? Car demandez-lui son avis sur l'état de la culture québécoise (un exemple, au hasard) au lunch, et il y a fort à parier qu'il aura changé de point de vue au cinq à sept. Pas de doute, si sa vie était un titre de roman, ce serait *L'insoutenable légèreté de l'être*. Ses proches savent de quoi je parle.

J'aurais mauvaise grâce à ne pas mettre en valeur sa grande ouverture d'esprit, sa façon jubilatoire de jongler avec les idées et son aversion contre les préjugés... sauf pour les pôvres créatures qui se négligent, prennent des kilos ou manquent cruellement de style.

Très populaire en raison de son charme juvénile, il est celui qu'on invite pour mettre de l'ambiance dans un souper d'amis, un séminaire sur la gestion ou un tournoi de *mini-putt*. C'est d'ailleurs d'un Gémeaux que s'inspire le strident générique de *Minifée* : « Depuis qu'on la connaît, on ne s'ennuie jamais ! » (Les générations X, Y et Z iront sur YouTube pour comprendre ce dont je parle.)

Dilettante ouvert à toutes les possibilités que la vie lui offre, il a du mal à se fixer. Comme si le moindre attachement était une atteinte à sa liberté, surtout sur le plan affectif. Faites le test : dites le mot *engagement*, et le voilà qui cherche la sortie la plus proche. Normal quand, comme lui, on fuit les responsabilités et les ennuis qui viennent avec. Ce qu'on sait moins, ce sont la terreur que ressent le Gémeaux face aux épreuves et sa difficulté à les affronter. Un mur et paf ! il a du mal à se relever. Alors pourquoi ne pas éviter d'emblée les obstacles et opter pour la facilité ? Ce qu'il fait très bien.

SA FACE CACHÉE

CE QUI LE FAIT COURIR

Ce n'est pas un *scoop* : sa soif de connaissances, de découvertes et d'aventures est la grande affaire de sa vie. Car pendant qu'il s'occupe les neurones, il prend congé de ses sentiments. Ce qui est très reposant, compte tenu de la fragilité de son système nerveux. En proie aux emballements successifs, que ce soit pour une paire de chaussures stylées, un voyage en Égypte ou une idée de scénario de film noir, il est aussi vulnérable aux coups de blues. D'où une tension qui le quitte rarement.

CE QU'IL ÉVITE COMME LA PESTE

Il fera tout en son pouvoir pour éviter de se sentir pris au piège, quitte à fuir une situation pour se retrouver dans une autre qui se révélera encore plus oppressante. L'ironie, c'est qu'à force de vouloir être libre il risque de s'enfermer sans le vouloir.

SON FANTASME INAVOUABLE

Même s'il tente de cacher son côté très matérialiste, le Gémeaux aime disposer de larges moyens financiers pour concrétiser ses innombrables envies. Aussi se plaît-il à s'imaginer très, très à l'aise, disons.

SON ENNEMI INTIME

Il n'avouera que sous la torture sa hantise de perdre sa fraîcheur, son éclat, sa vitalité. De vieillir, quoi. La triste affaire, l'imparable naufrage.

CEUX QU'IL ENVIE EN SECRET

À force de toujours avoir le mental en ébullition, il se surprend à rêver de ne plus avoir à penser et de posséder autant d'esprit d'initiative qu'une étoile de mer ou des têtes de linotte, dont je tairai le nom par charité chrétienne.

SA MANIE AGAÇANTE

Il a le chic de vous interrompre et de commencer ses phrases par « Moi, je ». Par exemple : « Salut ! Pars-tu en vacances bientôt ? – Oui, je pars en Italie, en sep... – Moi, j'y suis allée il y a quatre ans. C'était tellement extraordinaire ! Écoute ça... »

SA PHRASE FÉTICHE

« Attends-moi, j'ai un appel sur l'autre ligne », expression de sa popularité et prélude à une démonstration de ses talents de prestidigitateur sur son iPhone.

SON MAUVAIS KARMA

Ses décisions à courte vue, son impatience et sa bougeotte l'empêchent de récolter le fruit de son travail et de ses idées. Il quitte souvent le bateau trop tôt pour en profiter.

SA FAILLE HONTEUSE

Il a beau marteler son besoin d'indépendance, n'empêche, il ne peut pas se passer des bains de foule, des soirées mondaines et des plaisirs futiles que tout cela lui procure. À vrai dire, la solitude le terrorise. Son mode de survie : se montrer détaché tout en gardant plein de gens autour de lui.

SON COMBAT INTÉRIEUR

Ce funambule peine parfois à garder son précieux équilibre. Partout à la fois et nulle part en même temps, il se sent dispersé. D'où son besoin vital – qu'il nie trop souvent – de se poser, de faire le vide. Solution : reprendre son souffle en pratiquant des activités qui sortent de l'ordinaire pour mieux combler sa soif d'originalité et qui l'aideront à se recentrer. Même temporairement.

CÔTÉ CŒUR

Si le marivaudage n'existait pas, le Gémeaux l'inventerait. Il faut le voir suspendu à vos lèvres un instant, puis, l'instant d'après, fasciné par votre voisine de table. À moins qu'il ne jongle avec deux ou trois flirts en même temps, tout en étant engagé dans une relation. « L'amour est un immense terrain de jeu, où est le problème ? » plaide ce prince de l'éphémère.

Sa mauvaise foi n'a pas de limites. Cérébral, le Gémeaux joue à cache-cache avec ses sentiments. Il les rationalise pour mieux s'en détacher. Ainsi coupé de ses émotions, il se sent protégé, certes, mais il peut aussi éprouver une sensation de vide à combler à répétition, un travers qu'il se fera pardonner grâce à son charme juvénile, à son humour fin et à son charisme.

CE QU'IL ATTEND EN RETOUR

Que vous soyez un interlocuteur de talent, doué d'une écoute sans faille pour ce brillant causeur – ou grand parleur tout court – qui se déverse en « parole, parole, parole », gazouillis, courriels et signaux de fumée à toute heure du jour et de la nuit.

SON DÉSIR PROFOND

Trouver un complice qui saura tranquilliser son mental effervescent, apaiser ses peurs inavouées, le mettre en contact avec ses émotions (à son insu, bien entendu !) et qui sait poser ses limites avec humour.

SOUS LA COUETTE (OU DANS SA TÊTE)

« Le désir, c'est dans la tête ! », soutient le Gémeaux à la libido... modérée. À vrai dire, il s'excite davantage à l'idée d'une nuit olé olé qu'à la chose elle-même. Il est curieux de tout et rien ne le rebute, sinon le sexe purement animal ou la pression de se soumettre aux ébats amoureux. Il vaut mieux prévoir quelques propos de circonstance, brillants ou légers, avant de passer aux choses sérieuses. Mon conseil pour le séduire : tapez-vous la dernière édition du *Monde*, du *New York Times* et du *Guardian* (le *Journal de Montréal* et le *7 Jours* feront l'affaire des moins prétentieux et des plus potineux) avant d'enfiler votre plus beau string. Imaginatif, il raffole des jeux érotiques, des mises en scène et des expériences insolites. La sexualité est pour lui une forme d'expression dans le plaisir... et dans la variété.

Car passé l'élan du début, le Gémeaux se rallume aussi vite qu'il s'éteint. De quoi contredire les psys qui claironnent que l'amour dure trois ans...

SON PARTENAIRE IDÉAL

Malheur à celui qui tentera de lui mettre le grappin dessus ou qui le fera bâiller pendant les préliminaires. Il lui faut un bon parleur et un grand faiseur, car à quoi lui servirait un homme qui ne joint pas le geste à la parole ? Un point pour le partenaire qui sait réciter de mémoire un passage croustillant du *Vice et la vertu* et le prendre par surprise. À vous d'imaginer le reste.

SON AMANTE IDÉALE

« Cherche jeune femme intelligente, ouverte d'esprit, stylée, bien dans sa peau et partante pour voyages et expériences enlevantes. Espiègle, un atout. Psychorigides, fleurs bleues et jalouses s'abstenir. » Ce qui manque dans cette petite annonce ? La douceur d'une partenaire qui lui donnera la tendresse dont il prétend ne pas avoir besoin.

SEXOTHÉRAPIE UNIVERSELLE

Un flot de paroles peut noyer son désir, sans parler de celui de sa partenaire. Sa mission : sortir un peu de sa tête pour mieux habiter son corps. Ma suggestion : s'adonner au déshabillage de sa partenaire... en se la fermant.

CE QU'ON DIT DANS SON DOS

« Tiens, un autre projet qui va durer deux semaines... Et encore ! »

« AVEC ELLE, PAS MOYEN DE PLACER UN MOT. »

« C'est la personne la plus amusante que je connais. Il faut l'inviter à notre partie de bowling, hein ? »

«Il laisse toujours une porte ouverte. Il est incapable de faire un choix et de s'y tenir...»

«IL N'Y A JAMAIS RIEN DE SÉRIEUX NI DE GRAVE AVEC ELLE. C'EST ÉNERVANT À LA FIN.»

«J'te dis qu'il en déplace de l'air!»

«C'EST UNE TOUCHE-À-TOUT INCROYABLE. TOUT LUI RÉUSSIT, EN PLUS.»

KIT DE SURVIE POUR SES PROCHES

En amour

COMMENT LE SÉDUIRE

De deux choses l'une, soit vous rivalisez de brio avec lui dans vos propos sur la dernière expo du Musée d'art contemporain, soit vous devenez le meilleur public que le Gémeaux ait jamais eu. Comme il ne supporte pas que ses blagues ou ses jeux de mots tombent à plat, je vous suggère la seconde option.

COMMENT LE REFROIDIR

Lancez-lui un défi, peu importe lequel. Comme il n'a pas le sens de l'effort, encore moins sur une longue distance, il modérera ses ardeurs tout seul.

COMMENT S'EN SERVIR

Faites-en votre attaché de presse tous azimuts. Il est excellent pour assurer votre promo, mousser votre CV, rédiger un discours (une envie de se lancer en politique est si vite arrivée!) ou rebâtir votre réputation en moins de deux.

COMMENT FAIRE DURER L'AMOUR

Bannissez à tout jamais le mot *ennui* de votre vocabulaire. Distrayez-le, étonnez-le et soyez bon public. Réprimez vos bâillements et cachez vos agacements. Faites de votre vie à deux une aventure ludique et une conversation animée. Si ça ne le retient pas, c'est que c'était perdu d'avance.

COMMENT ROMPRE AVEC LUI

En le mettant face à son inconstance, à sa superficialité, à sa froideur ? Trop facile, il sait déjà tout ça. Mais douter de sa supériorité intellectuelle, c'est l'uppercut imparable, surtout si vous le faites par écrit. Knockout assuré.

COMMENT SE DISPUTER AVEC LUI

La technique suprême : questionnez-le sur ses allées et venues, imposez-lui un couvre-feu et demandez-lui de vous rassurer quant à son amour éternel. Vous le verrez s'emballer mais pas dans le bon sens.

COMMENT VOUS RÉCONCILIER (SI VOUS Y TENEZ!)

Pas rancunier pour deux sous, le Gémeaux est facile à rattraper dans le détour. Quelques excuses bien tournées, quelques compliments sur sa verve qui vous manque tant et c'est gagné. Mais pour combien de temps ?

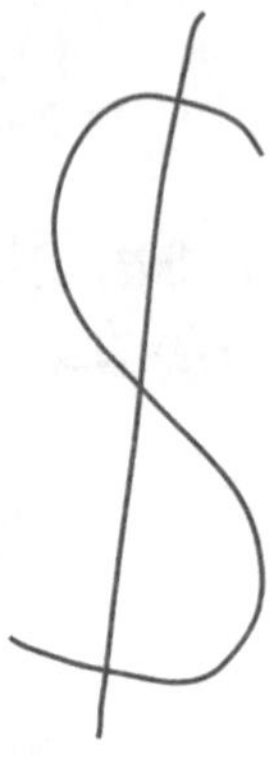

Au boulot

COMMENT COLLABORER AVEC LUI

L'amitié, le plaisir, la convivialité et la liberté d'expression au travail sont des *musts* pour le Gémeaux. Faute de quoi il ira vite se faire voir ailleurs.

COMMENT LE MOTIVER

Misez sur la notion de nouveauté, de jamais-vu, et donnez-lui carte blanche. Sinon, rien.

COMMENT L'INFLUENCER

Présentez-lui les choses de manière logique. Faites-lui valoir les possibilités qui s'offrent à lui et les atouts que présente son jeu. Évitez de miser sur l'aspect négatif ou menaçant d'une situation ou d'une éventualité : il carbure aux possibilités et non aux obstacles.

COMMENT OBTENIR UNE PROMOTION, UNE AUGMENTATION DE SALAIRE OU UN JOUR DE CONGÉ

N'entrez pas dans le vif du sujet, parlez de choses et d'autres avec humour avant d'attaquer. Préparez-vous à négocier point par point votre demande, car il prendra un malin plaisir à déboulonner vos arguments. Bon joueur, il devrait accéder à votre demande.

COMMENT ABUSER DE LUI

Faites-en votre *coach* de service. Demandez-lui conseil, profitez de son esprit fin et rusé pour apprendre à tirer votre épingle du jeu. Seule condition, allez-y indirectement. Exposez-lui négligemment votre problème et laissez-le s'ingénier à trouver la solution. Un tas de solutions. À vous d'opter pour la meilleure.

En amitié

COMMENT DEVENIR SON AMI

Éternel étudiant, il aime s'entourer de gens vifs d'esprit et capables d'apprécier ses jeux de mots, ses prouesses intellectuelles et son érudition. Sachant cela, applaudissez-le sans réserve et citez-lui quelques vers de *Cyrano* à l'occasion. Vous deviendrez son complice à la vie à la mort. Et acceptez de le partager, car il a un vaste réseau d'amis. Dernier conseil : Surtout, pas de prise de bec ni de sermons. Il les a en horreur.

COMMENT LUI DEMANDER DE L'AIDE

Toujours partant, il se proposera de lui-même s'il voit que vous êtes dans le pétrin. De savoir quand il sera disponible et s'il sera au rendez-vous, c'est une autre histoire. Mais vous pouvez compter sur son élan de solidarité.

COMMENT LUI APPORTER VOTRE SOUTIEN (MÊME S'IL CLAME NE PAS EN AVOIR BESOIN)

Faites-le sans avoir l'air d'y toucher. Ne lui posez pas la question, agissez de la manière la plus naturelle possible. Et n'en faites pas de cas. Il vous remerciera à sa façon.

COMMENT LUI EMPRUNTER DE L'ARGENT

S'il a les fonds, il vous les prêtera avec plaisir. Il est à sec ? Il se démènera pour vous mettre en contact avec une âme salvatrice et en moyens.

COMMENT NOURRIR VOTRE AMITIÉ

En restant en contact quasi constant. Peu importe le moyen. Sachez toutefois qu'il peut vous retenir au téléphone ou vous mitrailler de courriels. Dans ce cas, n'hésitez pas à fixer vos limites, en ne répondant pas dans la seconde, par exemple. Mais sachez qu'il pourrait s'en offusquer...

CANCER

22 JUIN — 23 JUILLET

JE ME PROTÈGE,
DONC JE SUIS.

LE CANCER SOUS LA LOUPE

Ah! si la vie pouvait être un looooong fleuve tranquille! Ainsi délesté de ses mille et une inquiétudes à propos de tout et de rien, le Cancer pourrait enfin se consacrer à faire du bien aux autres, la grande cause de son existence. On n'appelle pas ce signe d'eau la mère ou le papa poule du zodiaque pour rien. Le Cancer n'est-il pas le premier à prendre soin de ses proches (même les plus éloignés), à combler leurs moindres désirs, voire à les deviner, quitte à négliger ses propres besoins? Quand l'avez-vous entendu exprimer une envie, donner sa vision, imposer une direction, faire valoir ses droits? Exister, quoi.

Dépendant à l'extrême, il préfère se ranger et suivre les autres, dire oui à tout, de peur d'être rejeté. C'est plus fort que lui: le Cancer veut tellement se faire accepter et aimer qu'il n'a pas trouvé mieux que de se soumettre aveuglément aux desiderata de ceux qui l'entourent, s'oubliant au passage. C'est son mode de survie pour étancher sa soif d'amour, d'approbation.

Mais ses élans, qui frôlent l'abnégation, sont-ils vraiment désintéressés? Permettez-moi d'en douter. Tout le monde attend un pourboire, même maigrelet, pour services rendus. Et le Cancer ne fait pas exception. S'il donne, il n'en attend pas moins un flot de reconnaissance en retour. Même s'il prétend le contraire. Des doutes? Faites le test, négligez de le remercier profusément pour son aide et vous aurez droit à: a) un reproche déguisé; b) une remarque clairement culpabilisante; c) une bouderie frôlant le risible. C'est imparable. Au fond, ça n'a rien d'étonnant, puisque le Cancer est et demeure un éternel enfant. D'ailleurs, il peut très bien vous téléphoner à 3 h du matin, en proie à une vague d'anxiété, vous implorant de l'apaiser. Oui, c'est lourd. Mais vous lui pardonnerez ses égarements: il est siiii attachant!

Cela dit, sa nature enfantine a aussi ses bons côtés. Son imagination fertile, son esprit ludique et son inépuisable capacité d'émerveillement en font un être vibrant, inspiré et inspirant. À ses côtés, le quotidien a un je-ne-sais-quoi de merveilleux. Bohème dans l'âme, il a une sensibilité tout à fait singulière, quasi poétique, qui n'est pas sans rappeler celle du petit prince, l'attachant personnage de Saint-Exupéry. Aussi n'est-il pas rare qu'il laisse tomber une perle de sagesse du genre « Ce qui embellit le désert, c'est qu'il cache un puits quelque part... » alors qu'il perçoit chez vous une once de découragement. Il faut dire aussi qu'il est très intuitif ; inutile de tenter de lui cacher quoi que ce soit. Il vous devine au premier regard. Ce qui peut être extrêmement rassurant ou menaçant selon que vous meniez une bonne vie... ou non !

Ce qui fascine aussi chez lui, c'est le fait que, où qu'il aille, il attendrit. Il est d'ailleurs fréquent de le voir obtenir un surclassement en avion après qu'il a fait fondre le cœur de l'agent au sol. Un battement de cils, un regard larmoyant, une petite phrase drôle ou touchante, et le voilà en première classe. Il sait jouer de ses émotions, voilà tout.

Est-ce en raison de sa sensibilité à fleur de peau ou de son besoin de douce intimité ? Il est l'un des signes du zodiaque qui supportent le moins la solitude. C'est pourquoi il la remplit de littérature, d'art, de musique. Guidé par ses rêves, ses intuitions et ses effusions de sentiments, il écoute peu sa raison. Ça se voit à ses décisions parfois étranges ou inexplicables. Mais, comme dirait le Lion : « C'est son problème. » Je ne le contredirai pas.

Un point pour sa nature tendre, imaginative, fantasque même, et profondément humaine. Il sait se donner à une cause qui lui tient à cœur. Et quand il le fait pour les bonnes raisons (ça lui arrive !), il est au sommet de son art. Il aime se sentir utile et il l'est. En cas de coup dur, c'est l'ami fiable dont tout le monde a besoin, qu'on le veuille ou non. Un peu plus et on dirait Mère Teresa. Ajoutez à cela son intérêt pour l'histoire, les origines du monde et la généalogie, et vous obtiendrez un candidat parfait pour un *quiz* télévisé, où il perdra en raison, hélas, de sa nervosité. Car c'est un grand sensible, un vulnérable, qui ne supporte pas la pression.

Ses sources de consolation — et de calories ? Sa consommation de crème glacée à la vanille, de jujubes à la fraise et de Nutella trahit ses soubresauts émotionnels face à un monde si cruel... Mais s'il n'existait pas, la vie le serait plus encore. Raison de plus pour le prendre dans nos bras et le couvrir de câlins, dont il a tant besoin.

SA FACE CACHÉE

CE QUI LE FAIT COURIR

Oh, la douce conviction d'être admis dans un clan, un club, une famille, une bande d'amis et *tutti quanti* sans jamais risquer d'être écarté ou, pire, exclu. N'est-ce pas sa principale raison d'exister ? Je vous le confirme.

CE QU'IL ÉVITE COMME LA PESTE

Mis à part le rejet ? Ses propres peurs, bien entendu. Il panique rien qu'à les évoquer, comme les enfants terrorisés dans le noir. Résultat : il se cantonne dans une vie pépère. Il appelle ça un sentiment de sécurité, eh oui.

SON FANTASME INAVOUABLE

Tout envoyer balader et partir à l'aventure. Sans crier gare ni dire adieu à personne. Il peut rêver.

SON ENNEMI INTIME

À trop vouloir se protéger, il étouffe. À trop s'accrocher, il crée des conflits. À trop s'oublier, il construit sa propre souffrance. Ce n'est pas moi qui le dis, mais un bonze zen qui en a vu d'autres.

CEUX QU'IL ENVIE EN SECRET

Ceux qui exercent une autorité naturelle... voire forcée. Doté de cette qualité, il pourrait enfin être pris au sérieux, non ? Interdit de se moquer.

SA MANIE AGAÇANTE

S'il pouvait cesser de s'excuser à la moindre occasion, vous lui en sauriez gré, n'est-ce pas ? Rassurez-vous, vous n'êtes pas le seul.

SA PHRASE FÉTICHE

Dans son cas, c'est d'une trilogie qu'il s'agit, et elle se décline généralement comme suit :

1) « Est-ce que je te dérange ? » ;
2) « As-tu besoin d'aide ? » ;
   et si ça tourne mal,
3) « Après tout ce que j'ai fait pour toi ! ». Ça ne rate jamais.

SON MAUVAIS KARMA

Noyé non pas dans la tequila, qui le rendrait un tant soit peu téméraire, mais dans sa peur de devenir adulte, il joue les prolongations. Deux exemples, au hasard ? Attente stérile que machin-chose quitte sa femme ; croupissement dans un boulot sans envergure ni avenir... À quand le grand réveil ?

SA FAILLE HONTEUSE

Derrière cette capacité à deviner le moindre désir de ses congénères et à s'y plier se cache une colère pleine de rancune envers tous ceux (et ils sont nombreux) qui lui manquent d'égards. S'il ne se retenait pas, il... Mais voilà, il se retient, et avec le sourire. Après, naturellement, il s'en veut.

SON COMBAT INTÉRIEUR

Très (trop !) attaché à sa môman chérie — non, il n'a pas encore coupé le cordon —, il dépend toujours des autres. Comment s'en sortir ? En prenant des risques. En commençant par de tout petits, puis en augmentant le coefficient de difficulté. On ne lui demande pas de plonger du haut d'une falaise, mais s'il pouvait apprendre à nager sans nous demander la permission, ça nous arrangerait.

CÔTÉ CŒUR

Dès le premier rendez-vous, le Cancer pourtant pudique s'empressera de vous demander si vous souhaitez avoir des enfants, quand et combien. Normal, la famille, c'est sa valeur refuge, son oasis-mirage et sa raison d'être. Pour ce signe d'eau, la tendresse est essentielle, tout comme le partage de ses émotions. Attaché au passé, même s'il ne remonte qu'à 48 heures, il s'affale volontiers dans son divan moelleux où il se repasse le film de sa première rencontre, de son premier baiser, de sa première frite partagée et de la fois où... Ce qui l'allume, c'est la possibilité (le mot-clé dans cette phrase) d'un lien profond et durable. Romantique à l'excès, il vit pour aimer et être aimé. À un point tel qu'il peut avoir du mal à s'extirper d'une relation malheureuse, à sens unique, voire toxique. Mais lorsque tout va bien, il sait créer un cocon doux comme tout dans lequel les plus tendres du zodiaque se blottiront avec délectation. Plus sucré que ça, tu meurs!

CE QU'IL ATTEND EN RETOUR

Que vous alliez souper chaque dimanche soir chez ses parents. Et que vous vous extasiez devant le rôti de porc aux petites patates jaunes de sa maman! Évidemment, il vous faudra accepter sans broncher les jugements de sa mère, qui se retourneront invariablement contre vous.

SON DÉSIR PROFOND

Que vous le révéliez à lui-même, mais en mieux. En plus beau, en plus fort, en plus désirable. Bref, que vous lui fassiez miroiter une image à laquelle il n'ose même pas rêver. Et à laquelle il pourrait enfin se raccrocher.

SOUS LA COUETTE
(OU SUR LA CAUSEUSE)

Grain de peau frémissant, battements de cils, doux soupirs... Le Cancer a une sensibilité érotique qui s'exprime tout en nuances. C'est au creux de son lit, sacro-saint sanctuaire de l'intimité, qu'il officie. Dans ses draps parfumés à la lavande, zéro précipitation, que d'interminables préliminaires et orgasmes à répétition. Ce qui fait bien des jaloux, vous en conviendrez. Mais bon, c'est la récompense des âmes en quête de liens profonds et prometteurs d'un abandon sans réserve ! Pressés d'en venir et d'en finir, s'abstenir. Bien entendu, les plus coquins du signe peuvent faire preuve d'une imagination débordante, mais toujours dans l'affection et le respect mutuel. Cyniques, passez aussi votre chemin.

SON PARTENAIRE IDÉAL

Ce qu'il lui faut, c'est un amant délicat, protecteur et infiniment patient qui saura l'apprivoiser. Et, s'il sait exprimer ses sentiments amoureux en lui chuchotant à l'oreille le bon mot au bon moment, alors là, je ne réponds plus de rien. Elle non plus.

SON AMANTE IDÉALE

Il va sans dire qu'une dominatrice le rebute totalement, à moins qu'il soit tombé sur la tête ou dans l'enfer de la drogue. Ce qui est loin d'être improbable pour un signe d'eau. Sinon, il recherche une femme sûre d'elle qui fait les premiers pas, tout en le rassurant sur sa virilité. Aussi bien dire que ça ne court pas les rues.

SEXOTHÉRAPIE UNIVERSELLE

Sa mission : élargir ses horizons (je ne parle pas d'acheter un lit maxi, mais d'aller au-delà du premier matelas venu). Ma suggestion : sortir de la chambre et repérer tous les endroits illicites pour s'abandonner à d'excitants ébats. Frissons et envie de passer à l'acte assurés.

CE QU'ON DIT DANS SON DOS

« ELLE DEVRAIT ARRÊTER DE TOUJOURS EN FAIRE TROP ET DE S'OCCUPER DES AUTRES. MAIS TU SAIS QUOI? JE PENSE QUE ÇA LUI DONNE DES EXCUSES POUR NE PAS S'ATTAQUER À SES PROPRES PROBLÈMES... »

« C'est rien qu'un bébé lala, un enfant-roi, un fils à sa maman ! »

« S'il pouvait cesser de m'aider, de me faire des cadeaux, d'être disponible en permanence. Je me sens toujours endetté de quelque chose... »

« Elle se donne tellement pour les autres! Elle le mérite, son prix de bénévole de l'année. »

« OUBLIE PAS DE L'INVITER, SINON ELLE VA NOUS FAIRE UNE CRISE. »

« Bon, il boude encore. La semaine va être longue. »

« "LE GÂTEAU DE MA MÈRE EST MEILLEUR", "MA MÈRE AURAIT JAMAIS DIT ÇA !"... IL N'ARRÊTE PAS DE ME COMPARER À SA MÈRE. J'EN PEUX PLUS ! »

KIT DE SURVIE POUR SES PROCHES

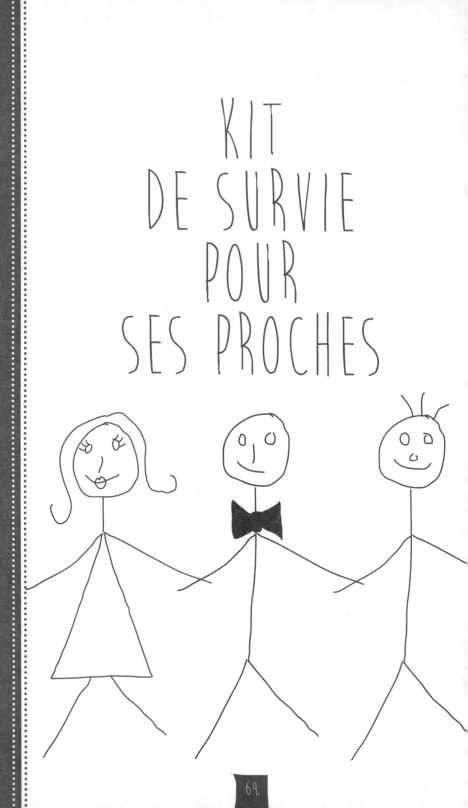

En amour

COMMENT LE SÉDUIRE

La recette infaillible : assurez-vous de séduire aussi sa mère (et, tant qu'à faire, la famille entière). Longue vie de couple assurée.

COMMENT LE REFROIDIR

Oubliez son anniversaire ou celui de son chat, négligez de l'appeler en sortant de la douche, tardez à rentrer après le boulot, omettez de lui parler de votre projet de chalet. Guerre froide assurée.

COMMENT S'EN SERVIR

Comme il ne sait pas dire non, n'est-ce pas ce que vous faites déjà un peu tous les jours ?

COMMENT FAIRE DURER L'AMOUR

Hypersensible et complexe, le Cancer réclame des trésors d'affection, d'empathie et de sécurité affective. Veillez à lui offrir un fin mélange des trois *chaque jour*. Si de surcroît vous le faites rêver à un avenir commun, alors tous les espoirs sont permis... pour la vie.

COMMENT ROMPRE AVEC LUI

Avec tendresse et délicatesse, idéalement devant un feu de foyer, verre de *vino* à la main. Dans le respect... et la fermeté, car le Cancer s'accroche. Une fois le lien coupé, détalez sans laisser d'adresse.

COMMENT SE DISPUTER AVEC LUI

La technique inégalable (et très utile quand on veut avoir la paix) consiste à critiquer sa vénérable mère. Je n'en connais pas de meilleure.

COMMENT VOUS RÉCONCILIER (SI VOUS Y TENEZ !)

En lui disant combien il vous est indispensable, comme l'air que vous respirez, comme l'eau que vous buvez, comme... Ça vous semble exagéré ? Pas pour lui. Et c'est tout ce qui compte, non ?

Au boulot

COMMENT COLLABORER AVEC LUI

À son rythme, dans le respect (soupir !) de ses propres limites, qu'il s'empresse de tracer. Se montrer sensible à ses talents, à ses efforts, à ses attentions ne nuit pas non plus. Surtout, ne faites jamais semblant, le Cancer a un redoutable détecteur de mensonges.

COMMENT LE MOTIVER

Oubliez tout ce qui touche au pouvoir et à l'argent, il s'en fiche. En fait, il croit que tout ça n'est pas pour lui. Prenez-le par les sentiments. Faites-lui miroiter son adhésion à un groupe, à un cercle. Et faites-le se sentir apprécié.

COMMENT L'INFLUENCER

Écoutez ses petites histoires personnelles, son vécu, et la table sera déjà mise pour l'avoir de votre côté au moment voulu. Mais comme il est très influençable, ce n'est pas vraiment la peine de se donner tout ce mal.

COMMENT OBTENIR UNE PROMOTION, UNE AUGMENTATION DE SALAIRE OU UN JOUR DE CONGÉ

Tous les prétextes pour soutenir votre famille sont bons. Que ce soit pour défrayer l'appareil dentaire de votre petit dernier, faire creuser une piscine pour vos enfants ou les emmener à Disney World. Tout le reste est sans intérêt pour lui.

COMMENT ABUSER DE LUI

Vrai, une faible estime de soi entraîne le désir inconscient d'assumer les tâches ingrates, les besognes sans intérêt. Alors, profitez-en sans complexe.

En amitié

COMMENT DEVENIR SON AMI

Établissez tout de go un rapport basé sur la complicité féminine ou la virilité amicale. Forcez un tantinet son admiration, mais pas au point de le complexer davantage. C'est un art délicat, j'en conviens...

COMMENT LUI DEMANDER DE L'AIDE

Louez d'abord son grand dévouement et allez-y de votre demande en terminant sur une note de gratitude infinie. Ça devrait suffire.

COMMENT LUI APPORTER VOTRE SOUTIEN

Vous n'aurez qu'à l'encourager, à le pousser et à le soutenir, lui qui doute de lui-même devant les épreuves de la vie. Pour le reste, il aura fort probablement déjà fait appel à vous.

COMMENT LUI EMPRUNTER DE L'ARGENT

Ne comptez pas sur lui, sauf s'il s'agit de sauver votre propre famille. Dans ce cas, il se montrera trop généreux. Et, par conséquent, vaguement culpabilisant. À vous de voir si un prêt à la banque ne vous pèserait pas moins.

COMMENT NOURRIR VOTRE AMITIÉ

Soupers d'amis, week-ends en famille, vacances avec la tribu complète constituent la base élémentaire de l'amitié avec le Cancer. Soyez ouvert et disponible. Sinon, inquisition et reproches à la clé.

LION

24 JUILLET — 23 AOÛT

JE BRILLE, DONC JE SUIS.

LE LION SOUS LA LOUPE

Si ce n'est pas sa majesté le Lion que j'aperçois au loin, faisant son entrée en fanfare… Comme si fouler le sol normalement, sans tambour, trompette ni montre *bling-bling*, tenait de l'hérésie ! Se voulant magnifique, solaire, rrrrroyal, il imagine déjà l'effet qu'il produira sur sa cour. Combien son autorité naturelle, sa grandeur rayonnante et son pouvoir absolu agiront sur les autres – « Tous des jaloux ! » croit-il. Normal, quand on se considère comme l'astre qui éclaire la planète. Après tout, la Terre ne tourne-t-elle pas autour du Soleil ? Mais, ne lui en déplaise, une telle prétention ne va pas sans une part d'ombre. Car là où ça se gâte, c'est quand il se surestime. Quand il se croit invincible.

Être ou paraître ? Telle est la question qui hante le Lion. De rares natifs du signe feront les deux avec un certain brio. Quant aux autres, ils succomberont à la tyrannie des apparences : ils paraîtront. Car le Lion moyen (désolée pour le crime de lèse-majesté) se montre bêtement avide de prestige. Au resto ou au stade, où qu'il soit, il repère – que dis-je, il exige – la meilleure place. Il se met en scène pour aller faire son marché et il s'entoure de gens remarqués (à défaut de gens remarquables). Généreux à outrance, il en jette et distribue ses largesses, jouant les grands seigneurs davantage pour le spectacle qu'autre chose. Sa vanité est sans limites. Tout comme celle de sa carte de crédit triple platine. Le drame, c'est quand il se sent mis à nu, sans ses joujoux qui brillent…

Dans une soirée ou un talkshow, on le reconnaît à sa façon insolente de lancer des perles du genre : « Je ne comprends pas les gens qui s'ennuient. Mouâââ, tout me passionne ! Je ne m'ennuie jamais ! » Sous-entendant, avec une once de perversité satisfaite, combien il mène une vie formidable. En effet, que le menu fretin puisse couler des jours ternes, ça le dépasse. Quoi, une existence sans éclat ? Plutôt la mort pour ce signe du zodiaque incapable de se contenter de l'ordinaire, parcelle de plomb inévitable de toute existence.

(Désolée pour ce lyrisme soudain. Je ne le referai plus.)

D'accord, j'ai beau me moquer de son ego surdimensionné, n'empêche que j'admire son optimisme inoxydable, son énergie incommensurable et son sens aigu de la discipline. Et je ne suis pas la seule. Le Lion voit grand et loin. En outre, sa façon de laisser avec superbe le passé derrière lui pour mieux aller de l'avant impressionne. Rien d'étonnant, le Lion est fait pour incarner le premier rôle et occuper le devant de la scène. Sa mission: échafauder de grands plans, mener de vastes entreprises et défendre de nobles causes dans un parfum de gloire. Chaleureux et énergique, il a un besoin viscéral d'agir, de se dépenser, de mener sa vie comme il l'entend. Tant pis pour les débordements et les excès. Ce qui l'intéresse, c'est de détenir le pouvoir d'influencer les événements et les gens. Ce qui l'anime, c'est d'exercer son autorité suprême sans contestation.

Habité d'une grande force intérieure, il a du ressort et il ne capitule jamais. Il suffit de penser à ces quelques natifs du Lion pour s'en convaincre: Napoléon 1er, Fidel Castro, Barack Obama, Roger Federer, Madonna et Coco Chanel. Figure héroïque oblige, le natif du Lion reste implacable dans la tourmente, quitte à retoucher sa coiffure au passage. Oui, il provoque l'admiration… et suscite l'envie. Et ça l'excite. Il ne vit que pour ça. À le côtoyer, on éprouve le désir de se dépasser, d'atteindre de grands buts, de faire sauter les interdits et les barrières. Et de se réaliser à sa pleine mesure. Avouez qu'on ne croise pas de tels personnages tous les jours!

Que dire de sa chaleur, sinon qu'elle est solaire et rayonnante? Quand le Lion va bien, et qu'il ne pèche pas par excès, il fait un bien fou autour de lui. Il a le sens de la fête, il sait profiter de la vie et en partager les plaisirs avec ceux qui l'entourent. Mais une fois la récréation terminée, il se remet au travail avec la même passion et avec le même désir d'apporter quelque chose à l'humanité. Rien de moins, comme vous vous en doutez.

Sur une note plus intime (et tragique), le passage des ans est d'une cruauté terrible pour le Lion vaniteux, voire atteint d'un narcissisme galopant. Avec le Gémeaux, il est le signe qui accuse le plus douloureusement le tournant de la quarantaine. Désenchanté, il traverse cette crise du mitan de la vie catastrophé devant son miroir qui lui a volé son image de conquérant. Dur, dur, le destin du Lion. Mais il s'en remet le plus souvent avec tout le panache qu'on lui connaît. Et qui fait son infinie splendeur.

SA FACE CACHÉE

CE QUI LE FAIT COURIR

Parce qu'il n'a pas trouvé mieux que de dominer tout ce qui bouge pour éviter de l'être à son tour, le Lion en impose, quitte à tourner au monarque autocrate. Ce qui rend la chose parfois très distrayante, sauf pour ceux qui se trouvent sous son emprise. Sachant que l'empathie pour le genre humain n'est pas son fort, doit-on s'en étonner ?

CE QU'IL ÉVITE COMME LA PESTE

Toute forme de mollesse et de paresse, qu'il associe à la déchéance physique et morale. Rien de moins. Même fiévreux, il peut s'obliger à jogger à quatre heures du matin pour se prouver son invincibilité. Qui rime ironiquement avec excessivité.

SON FANTASME INAVOUABLE

Et s'il pouvait exprimer ses doutes ou ses craintes sans ternir son image ou porter atteinte à sa brillante réputation ? Et si on pouvait le plaindre parfois ? Avec un surmoi si encombrant, il est condamné à être en représentation, même après la tombée du rideau… rarement suivie d'un rappel.

SON ENNEMI INTIME

Sa soif de pouvoir et de prestige peut le pousser à manipuler la vérité pour arriver à ses fins… pourtant pas toujours heureuses. Car une fois qu'il a le gros orteil sur cette pente savonneuse, le danger de chute augmente fatalement avec l'usage. Morale : quelle morale ? Le Lion n'en a que faire !

CEUX QU'IL ENVIE EN SECRET

À vrai dire, le Lion n'envie personne. Même pas en secret. Mais… cet animal trompeur se compare à tout venant. Il en récolte d'ailleurs de violents torticolis à force de jeter des regards obliques à ce qu'il appelle négligemment sa *suite*.

SA MANIE AGAÇANTE

Mis à part son exigence qu'on lui revienne dans la minute à propos de chacune de ses demandes,

des plus légitimes aux plus extravagantes, et sa facilité de s'emporter si on ne s'exécute pas illico, franchement, je ne vois pas.

SA PHRASE FÉTICHE

« *Sky's the limit!* », ce qui explique sa mégalomanie, bien entendu, mais aussi sa propension à n'exiger que le meilleur de la vie et d'autrui, estimant que ce privilège lui revient d'emblée.

SON MAUVAIS KARMA

Abonné à l'optimisme flamboyant, il surmonte les épreuves avec brio. Mais qu'en est-il de l'échec, ce mot honni ? Il est si peu préparé à y faire face qu'il peut tout aussi bien le nier ou se braquer pour ne pas avoir l'air de se rendre… à l'évidence.

SA FAILLE HONTEUSE

S'il a le malheur d'être né dans un milieu modeste ou une famille inculte, il fera tout pour taire ses origines, qu'il considère comme indignes de sa personne. À moins qu'il s'en serve abondamment pour montrer au monde entier sa fulgurante ascension sociale.

SON COMBAT INTÉRIEUR

À force de vouloir relever tous les défis qu'on lui présente (il attrape les arachides au vol comme un champion), il en oublie de vivre sa vie, sa vie intime. Étranger à ses aspirations personnelles, il risque de se retrouver bien seul sur son trône, face à un sort qu'il n'a pas vraiment choisi. Prière de retenir vos larmes.

CÔTÉ CŒUR

Entier et aveuglé par l'objet (et ce mot est choisi) de son désir, il aime sans réserve. Et sans partage. Souverain – de son propre royaume –, il exige d'être l'élu entre tous. Le seul et unique occupant des pensées de sa conquête. Autant dire qu'il refuse de jouer l'amant ou la maîtresse de service, ou alors très brièvement, le temps d'un égarement vite oublié. En revanche, il a un besoin viscéral d'admirer sa partenaire, ou à tout le moins de sentir que la Terre entière la trouve irrésistible à chacune de ses apparitions publiques. Sans qu'elle lui fasse de l'ombre pour autant. Auquel cas, l'idylle sera brève. Cela dit, une fois son cœur épris, il s'engage pleinement (exit histoires d'un soir et incartades coupables), et se montre généreux, éblouissant et franchement fascinant, quand il en prend le temps. J'oubliais, le Lion n'est pas allergique au mariage, bien au contraire. Surtout si ça peut accélérer son ascension sociale.

CE QU'IL ATTEND EN RETOUR

Outre une vénération sans faille, il recherche une âme sœur qui l'aime et le comprend, sans qu'il ait à s'expliquer, encore moins à s'épancher. Foutu orgueil ! Mais bon, ça n'enlève rien à son besoin d'apaiser son cœur… de Lion.

SON DÉSIR PROFOND

Que le désir et l'amour qu'il inspire traversent le temps, les vents et les marées. En effet, le Lion narcissique redoute affreusement de perdre en éclat, surtout aux yeux de sa partenaire. Pas étonnant qu'il fasse exploser le cours des actions de Botox.

SOUS LA COUETTE (OU SUR UN TRÔNE)

Magnifique, ardent, il a un sens singulier des plaisirs de la chair. Car si l'exploration de nouvelles voies du désir le stimule, c'est encore et toujours le plaisir d'éblouir et de voir sa partenaire succomber à son *sex-appeal*, qui le fait vraiment vibrer. Décor luxueux, sous-vêtements sexy, soins pour le corps somptueux, éclairage flatteur : rien n'est laissé au hasard pour mettre ses charmes en valeur. Narcissique ? Oui, il l'est, et il l'assume pleinement. Exigeant au lit ? Absolument ! Mais jamais égoïste. Il suffit que son amante lui témoigne son admiration pour qu'elle ait droit à la part du lion, débordante de passion. Il n'y a qu'à rugir de plaisir.

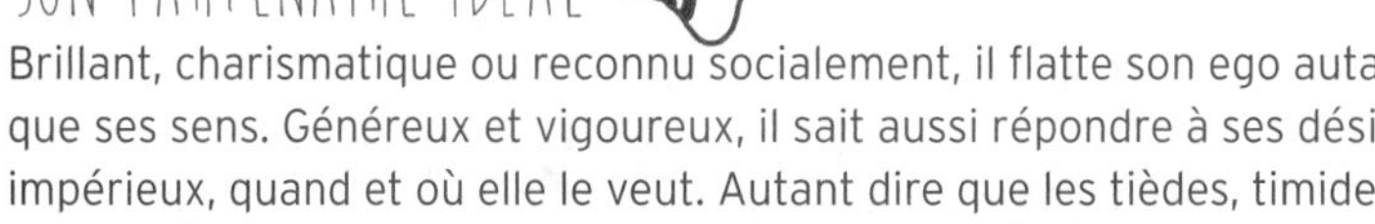

SON PARTENAIRE IDÉAL

Brillant, charismatique ou reconnu socialement, il flatte son ego autant que ses sens. Généreux et vigoureux, il sait aussi répondre à ses désirs impérieux, quand et où elle le veut. Autant dire que les tièdes, timides et timorés feraient mieux de s'abstenir.

SON AMANTE IDÉALE

Une créature sans complexes et... sans défauts. Ce qui aiguisera sans doute son goût pour le sexe torride et désinhibé, voire exhibitionniste certains soirs... ou certains matins, compte tenu de la libido vigoureuse du Lion.

SEXOTHÉRAPIE UNIVERSELLE

Son penchant pour les mises en scène grandioses (survoler la chambre, nu et à cheval sur un lustre de cristal, *check* !) peut sembler artificiel. Sa mission : tendre à un peu plus d'authenticité et de simplicité. Ma suggestion : primo, descendre du lustre et, secundo, faire l'amour les yeux dans les yeux, en oubliant son reflet dans le miroir du plafond. La tradition a du bon.

CE QU'ON DIT DANS SON DOS

« Quel leader d'exception ! Depuis qu'il préside le conseil d'administration, on a fait des progrès fulgurants. »

« T'AURAIS DÛ LA VOIR FAIRE UNE CRISE AU SERVEUR PARCE QUE SON FILET MIGNON ÉTAIT TROP CUIT. UNE VRAIE DIVA ! C'ÉTAIT GÊNANT... »

« Madame pense qu'elle a droit à tous les privilèges. Les règles et les interdits, pfft ! c'est pour les autres ! »

«C'est la star du bureau. Oui, c'est un boss exigeant, mais généreux. Avec lui, t'avances, tu te dépasses.»

«ON EST POUR OU CONTRE LUI. GARE À CEUX QUI LE CONTREDISENT! JE NE PAIE PAS CHER DE LEUR PEAU. »

«Si elle pouvait se casser la gueule avec son projet mégalo. Elle arrêterait de nous prendre de haut...»

«IL NE SE PREND PAS POUR N'IMPORTE QUI. T'AS VU COMME IL PARADE AU VOLANT DE SA PORSCHE? T'ES SÛRE QU'ELLE EST PAS LOUÉE?...»

KIT DE SURVIE POUR SES PROCHES

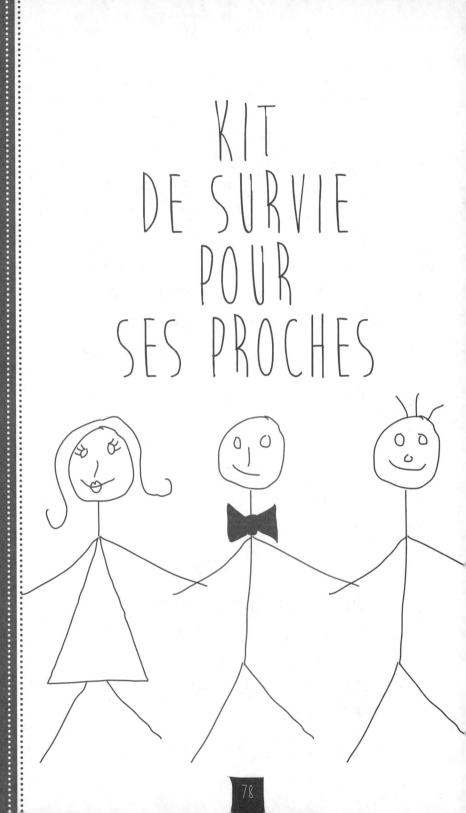

En amour

COMMENT LE SÉDUIRE

Un peu de résistance ne fait pas de mal. Prenez soin toutefois d'alterner avec des « Oh ! » et des « Ah ! » d'admiration, peu importe s'ils sont crédibles ou sincères. L'idée, c'est de faire jaillir un doute, le temps d'ébranler son assurance naturelle, c'est-à-dire une nanoseconde. Si vous y parvenez, vous pourrez alors aspirer à une grande histoire à deux, à condition d'aimer tous les deux la même personne. La sienne.

COMMENT LE REFROIDIR

Trois étapes suffisent :

1) reprochez-lui d'être accaparé par son boulot ou ses ambitions, ce qui revient au même ;
2) refusez, avant une sortie mondaine, de jouer la *first lady* ou le prince consort ;
3) si vous vous y rendez malgré tout, contredisez-le en public, entre deux bouchées d'aiguillettes de canard laqué. L'humiliation sera totale et vos rapports seront glaciaux.

COMMENT SE DISPUTER AVEC LUI

Rien de tel qu'un épisode d'indifférence totale (feinte ou non, ça vous regarde) ou qu'un commentaire cinglant sur sa mesquinerie (lui, si magnanime) pour faire sortir ses griffes. À utiliser à dose homéopathique toutefois.

COMMENT S'EN SERVIR

Flagornerie, basses flatteries, miroir embellissant… Tous les moyens sont bons pour profiter de ses largesses. Un soupir à peine retenu, exécuté au bon moment, peut aussi l'inciter à doubler la mise.

COMMENT FAIRE DURER L'AMOUR

Je ne vous apprends rien en vous disant que l'élu rugissant de votre cœur a de grandes exigences. Alors, soyez à la hauteur. Mieux, traitez-le comme un roi. Prévenez ses désirs (qui sont des ordres). Il vous le rendra au centuple. Comment ? En restant un amoureux ardent, fidèle et généreux.

COMMENT ROMPRE AVEC LUI

Surprise ! Le Lion ne supporte aucune désertion. C'est pourquoi il devancera votre secrète machination. Meurtri mais digne, il vous laissera la maison, l'argenterie et le caniche royal dans un dernier élan théâtral. Il tient à rester digne, surtout dans l'épreuve.

COMMENT VOUS RÉCONCILIER (SI VOUS Y TENEZ!)

Il faudrait tout d'abord avoir réussi à vous libérer de ses griffes... Mais si vous y êtes parvenu, félicitations, et allez de l'avant, savourez votre liberté nouvellement acquise. De toute façon, le Lion ne se contente jamais de l'usagé.

Au boulot

COMMENT COLLABORER AVEC LUI

Le concept de collaboration étant saugrenu pour lui, contentez-vous d'applaudir ses idées à lui, ses initiatives. Air niais optionnel. Surtout, ne le dérangez pas, ne l'interrompez pas sur sa lancée, il vous égratignerait au passage.

COMMENT LE MOTIVER

Il n'a aucunement besoin d'être motivé, c'est plutôt tout le contraire: il faut modérer ses ardeurs. Aussi, assurez-vous d'être à ses yeux un patron digne de confiance, habile et puissant, sans quoi il ne fera qu'une bouchée de votre autorité.

COMMENT L'INFLUENCER

Même approche admirative avec plus de retenue, cette fois. Le Lion est certes avide de compliments, mais il n'est pas dupe.

COMMENT OBTENIR UNE PROMOTION, UNE AUGMENTATION DE SALAIRE OU UN JOUR DE CONGÉ

La technique gagnante? Le lui demander avec aplomb, c'est tout. Et c'est déjà beaucoup, compte tenu du personnage. Qui sait s'il n'ajoutera pas un petit plus à votre requête pour vous épater.

COMMENT ABUSER DE LUI

Prenez des leçons (gratuites, il va sans dire) de ce pro de la gestion de la réputation, un métier qu'il a appris sur le tas. Copiez sans scrupules sa façon habile de se fabriquer un *supermoi* sur Twitter, Facebook et Instagram.

En amitié

COMMENT DEVENIR SON AMI

Ce n'est pas de la tarte d'aller au-delà de son image de conquérant, de viser un soupçon d'authenticité et, plus impensable encore, de vulnérabilité. Morale: troquez ces intentions vaguement humanistes contre des aspirations totalement hédonistes. Éclatez-vous à ses côtés, accompagnez-le dans toutes les fêtes auxquelles il assiste, savourez ses talents de *performer*. Soyez le témoin privilégié de sa réussite, jamais de ses déconvenues. Et tout ira bien.

COMMENT LUI DEMANDER DE L'AIDE

Il vous l'apportera à condition que ça lui serve d'une manière ou d'une autre. Ou que vous claironniez sa grandeur d'âme sur la Terre entière.

COMMENT LUI APPORTER VOTRE SOUTIEN (MÊME S'IL CLAME NE PAS EN AVOIR BESOIN)

Faites preuve d'une loyauté indéfectible en toutes circonstances. La compassion, la solidarité et les regards apitoyés l'irritent au plus haut point, gardez-les pour vous.

COMMENT LUI EMPRUNTER DE L'ARGENT

Seule condition, que son argent serve à une cause noble ou à tout le moins louable. Si c'est pour éponger des dettes de jeu ou payer les intérêts de votre déclaration de revenus de 2005, ne gaspillez pas votre salive.

COMMENT NOURRIR VOTRE AMITIÉ

Mondain, bourreau de travail et très sollicité, le Lion néglige souvent sa famille et ses amis. Bénéfice collatéral (pour lui): on ne lui demandera jamais d'apporter de la soupe poulet et nouilles à la vieille tante Rosalie – ce qui lui convient parfaitement. Bref, préparez-vous à l'inviter, à le relancer souvent pour l'extirper de son tourbillon. Autre solution: proposez-lui des expériences excitantes, des fêtes brillantes, des rencontres stimulantes et peut-être – oui, le doute est permis – vous fera-t-il l'honneur de sa présence.

VIERGE

24 AOÛT — 23 SEPTEMBRE

JE TATILLONNE, DONC JE SUIS.

LA VIERGE SOUS LA LOUPE

Pendant que le monde entier s'agite et batifole, la Vierge analyse par le menu et jusqu'à l'épuisement tout ce qui lui passe sous la main ou par la tête. La faute en revient à sa quête incessante de perfection — comme si elle était de ce monde. Que voulez-vous, la Vierge vit d'espoir et de névroses. Le hic, c'est que sa *perfectionnite* lui fait souvent perdre de vue l'ensemble de la situation. Comme si elle plantait elle-même l'arbre qui cache la forêt. C'est dire son aveuglement.

Un triste lundi, Bouddha, particulièrement mal luné, a déclaré « La vie est difficile », et la Vierge en a fait son credo. Bien mal lui en prit, car depuis elle est poussée par un sens aigu du devoir, voire par un excès de zèle, qui plombe son existence. Et celle des autres. Ajoutez à cela un sens critique implacable jumelé à un vif sentiment de culpabilité parce qu'elle ne se sent pas à la hauteur, et vous comprendrez mieux son drame intérieur.

Que dire de sa peur maladive de l'erreur et de sa propension à s'inventer des scénarios catastrophes ? « Quelle horreur, mon compte rendu n'est pas parfait, ma vie est un échec total », se dit-elle immédiatement après une demande de précision de la part de son patron. Remarquez l'analyse nuancée dont la Vierge affolée peut faire preuve en cas de doute : un véritable poème ! Pourtant, et là n'est pas sa moindre contradiction apparente, elle peut s'obstiner à mort pour faire valoir son point de vue ou sa façon de faire. Pourquoi tant de rigidité ? Parce qu'à son avis elle seule sait comment bien faire les choses et les mener à terme. Si elle s'acharne autant, c'est pour servir le bien supérieur de tous et de l'espèce humaine, non pas pour satisfaire son ego, voyons ! Quelle pensée vulgaire !

Et puis, étant donnée sa soigneuse dévotion, les autres — « si peu professionnels, si peu dévoués et si irresponsables » — ne font pas le poids. Et après, elle s'étonne, chère créature de terre, qu'on ne lui confie pas le poste de chef d'équipe qu'elle convoitait secrètement.

Mais avant, impossible de passer sous silence sa manie de cerner l'infime défaut, invisible au commun des mortels, qu'il apparaisse dans une cathédrale millénaire ou un condo neuf. Rien ne lui échappe. Même pas la poussière sur votre manteau, qu'elle se retiendra de toutes ses forces de balayer d'un preste mouvement de l'index. La Vierge est peut-être maniaque, mais au moins elle sait se (con)tenir. Et c'est tout à son honneur.

Ceux qui la connaissent seront les premiers (dont je suis) à reconnaître son attachement à l'élégance, au raffinement et à la beauté. On dit souvent d'elle qu'elle a de la classe. Sa réserve naturelle, sa discrétion et son savoir-vivre à la Grace Kelly en font l'hôtesse idéale. Elle est de celles qui mettent les petits plats dans les grands. Elle incarne aussi l'invitée parfaite à un dîner princier ou, plus prosaïquement, chez les futurs beaux-parents. À condition de ne pas voir un invité mal dégrossi plonger deux fois plutôt qu'une son céleri dans le bol de trempette commune. L'horreurrrr ! Elle risque l'évanouissement devant une telle prolifération de germes.

Vouant un culte forcené à la propreté, elle exhibe une maison impeccable et soigneusement désinfectée. Une toquade qui vaut autant pour un sexe que pour l'autre. Dans la même veine, les natifs du signe figurent parmi les plus ardents défenseurs de l'écologie, quitte à vous faire la morale s'ils ont le malheur de vous surprendre à acheter du café pas équitable du tout ou, pire, en flagrant délit d'arrosage de votre asphalte (même si vous le faites en toute légalité). Avec de tels ambassadeurs de la protection de la planète, Laure Waridel peut dormir sur ses deux oreilles dans son futon en graines de sarrasin.

Cela dit, la Vierge n'est pas qu'une casse-pieds. Car lorsque tout va bien (c'est-à-dire lorsqu'elle se sent aux commandes de l'univers), elle charme par son affabilité, son intelligence et son intégrité. Et que dire de son sens de l'humour ? Il est exquis, et on en redemande. En société, son sens de l'observation, sa culture et sa finesse d'esprit créent un cocktail délicieux, surtout lorsque la Vierge, enfin décoincée, laisse s'exprimer son ironie très *british*, entre deux dry martinis.

SA FACE CACHÉE

CE QUI LA FAIT COURIR

Qu'on lui dise : « T'as parfaitement raison ! » Quatre mots, ça lui suffit. Ô glorieux couronnement de tant de raisonnements et d'efforts pour atteindre le sommet de toutes les entreprises, grandes comme petites, auxquelles elle se livre religieusement ! Il faut bien que son idéal de perfection soit reconnu de temps à autre, n'est-ce pas ?

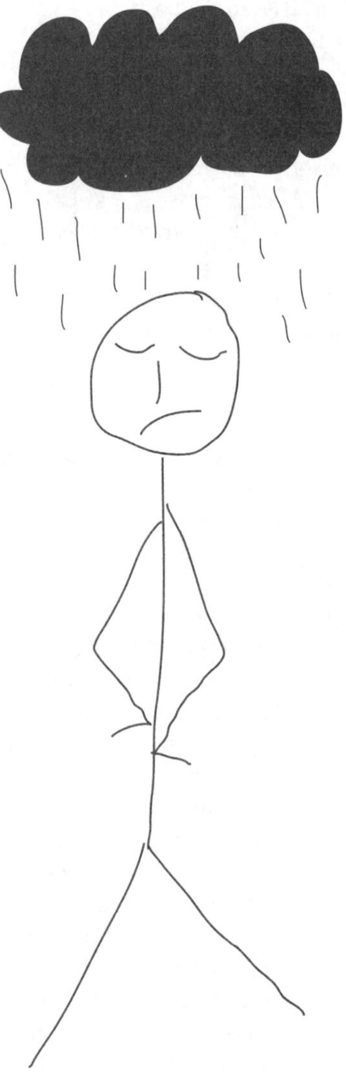

CE QU'ELLE ÉVITE COMME LA PESTE

Qu'on la prenne en défaut ! Alors là, ce serait la fin du monde, vous pensez bien. Après tout, la Vierge n'a-t-elle pas tout vérifié et contre-vérifié 100 fois plutôt qu'une pour éviter de perdre la face ?

SON FANTASME INAVOUABLE

Se décomplexer et se libérer de son carcan de perfection une fois pour toutes. Quelle vie excitante elle mènerait ! Mais voilà, sa frilosité reprend le dessus. Fin du fantasme.

SON ENNEMI INTIME

Tapi dans un coin de son esprit rangé, son besoin de pureté tous azimuts la freine douloureusement. Combien de rêves de voyages exotiques avortés de crainte d'attraper un virus mortel ou d'avoir la diarrhée en vol ? Misère.

CEUX QU'ELLE ENVIE EN SECRET

Tous ceux qui partent en voyage sous l'impulsion du moment (ou répondant à une invitation de dernière minute, ce qui ne risque pas de lui arriver) et qui peuvent boucler leur valise en deux temps trois mouvements. Bref, ceux qui sont légers, insouciants, libres.

SA MANIE AGAÇANTE

Impossible pour elle de ne pas corriger les fôtes dans le journal ou dans le menu de la pizzeria du coin. Ou de ne pas relever les tics de langage des lecteurs de nouvelles.

SA PHRASE FÉTICHE

« Personne n'est au-dessus des lois. » Une façon de plus de prouver (comme si c'était nécessaire) son haut degré d'exigence morale.

SON MAUVAIS KARMA

Passive-agressive, la Vierge ? Souvent. Pourquoi diable afficherait-elle un signe de mécontentement ou de désaccord, alors qu'elle peut bouder, briller par sa force d'inertie ou torpiller secrètement un projet tout en ayant l'air serein ?

SA FAILLE HONTEUSE

La vertu a ses limites, même pour une Vierge. C'est pourquoi il n'est pas rare de la voir relâcher la pression (qu'elle s'impose elle-même) en enfilant trois Big Mac, en cachette, il va sans dire. Et se mettre à l'eau chaude citronnée le lendemain.

SON COMBAT INTÉRIEUR

Inquiète, la Vierge a peur de tout : des grippes H1N1, aviaire et porcine, des avions qui tombent, du dollar qui monte, des chaussettes orphelines dans la sécheuse, du tartre sur ses couronnes... Quant à la mort, elle fera comme Woody Allen, qui n'a rien trouvé de mieux que d'espérer « ne pas être là quand ça arrivera ».

CÔTÉ CŒUR

Vous vous en doutez, les bruyants épanchements, les déclarations et les gestes grandiloquents, ce n'est pas son genre. La Vierge fait dans l'élégance feutrée et le *politically correct*. Derrière son image lisse se cache un réel besoin d'aller au fond des choses et de connaître son partenaire avant de se laisser aller. Imaginez pour faire tomber ses barrières ou ses sous-vêtements. Morale : point de patience, point de relation. Mais quand la Vierge se détend et se réchauffe, alors là tous les espoirs sont permis. Mais ne nous emballons pas trop vite : il faudra user de doigté tout au long de la relation amoureuse pour ne pas la refroidir. Oui, la Vierge est *high maintenance*. Mais une fois en couple, vous aurez droit à sa fidélité, à sa droiture et à un monde insoupçonné de sensualité raffinée.

CE QU'ELLE ATTEND EN RETOUR

Que vous fassiez preuve de sensibilité et d'intelligence. Rien ne l'éteint plus que la brusquerie, l'imbécillité ou les reproches, même voilés. Comme elle vénère les rituels, la Vierge s'attend à ce que vous lui fassiez une cour assidue avec tout le bataclan de circonstance.

SON DÉSIR PROFOND

Devenir votre princesse (de Monaco ou d'ailleurs) ou votre prince (sauf celui de Galles) pour la vie. Si elle pouvait voir dans vos yeux la réflexion d'une Vierge idéalisée...

SOUS LA COUETTE (ET DANS DES DRAPS PROPRES)

Plutôt 50 nuances de beige, la Vierge ? Que nenni ! Les rares initiés savent bien que sous son allure sage se cache une nature en quête de plaisirs râââffinés. Sait-on que le sexe tantrique, où tout n'est que lenteur, retenue et volupté, lui convient à merveille ? Que les plus inspirés (ou les moins occupés) du signe s'attachent à le peaufiner dans ses moindres gestes et caresses expertes ? Pour la Vierge, homme comme femme, le sexe est un art. Et son corps, un temple. (Zzzzzzzz… J'entends d'ici ronfler les Sagittaire, Lion et Bélier.) Autant oublier *p'tites vites,* sexe à la hussarde et parties de jambes en l'air, c'est clair. Mais si vous avez quelques heures devant vous, des draps propres et fraîchement repassés, il est permis de rêver. Car sous son image froide et timorée vibre une âme sensible à l'ardente libido, une fois délestée de ses inhibitions. Et à condition de vous y prendre avec tact.

SON PARTENAIRE IDÉAL

Qu'un homme intelligent, intègre, élégant, affectueux, amusant, fidèle, aisé et prêt à l'engagement (oui, elle exige la perfection) se pointe, elle s'offrira totalement. Et pour looooongtemps.

SON AMANTE IDÉALE

Que recherche un gentleman sinon une femme de goût dans ses bras ? Embobinez-le d'abord avec votre connaissance des boîtes à encens japonaises. Surtout pas de premier pas intempestif. De la délicatesse, du rythme et de l'abandon. Vous me remercierez.

SEXOTHÉRAPIE UNIVERSELLE

Ouste, prise de tête au lit ! Sa mission : obéir à ses impulsions physiques sans chercher à les rationaliser. Ma suggestion : visionner avec son partenaire un film érotique (gare aux productions XXX, qui pourraient la refroidir), puis — voilà son défi — improviser sans se censurer.

CE QU'ON DIT DANS SON DOS

« TU DEVRAIS VOIR SA MAISON, C'EST TOUJOURS IMPECCABLE ! LA MIENNE A L'AIR D'UN BORDEL EN PERMANENCE. J'OSE PAS L'INVITER… »

« Il est tellement fiable, une vraie Volvo sur deux pattes. »

« Monsieur je-sais-tout et je-suis-au-dessus-de-tout… Pas moyen de discuter avec lui. »

« Elle pourrait aller tellement plus loin, si elle avait plus confiance en elle. »

« J'admire son intégrité. Il est aussi exigeant envers les autres qu'avec lui-même. »

« ELLE CRITIQUE TOUT, TOUT LE TEMPS. C'EST EXASPÉRANT ! »

« Avec lui, tu t'en sors pas : c'est toujours *by the book*. »

« ELLE A ORGANISÉ LE *SURPRISE* DE NATHALIE. C'ÉTAIT PARFAIT! »

KIT DE SURVIE POUR SES PROCHES

En amour

COMMENT LA SÉDUIRE

Il faut choisir le bon moment, le bon restaurant, le bon plat, le bon vin, la bonne chose à dire, la bonne chose à taire et à faire. Bref, il faut être devin. Qui a dit que l'amour était chose facile ?

COMMENT LA REFROIDIR

Un jean troué, des anecdotes *trash* et un rire tonitruant la glaceront d'effroi à coup sûr. Ce qui est plutôt amusant, avouez...

COMMENT S'EN SERVIR

Faites-en votre OEC (organisateur en chef) pour mettre de l'ordre dans votre vie : classement de reçus d'impôts, de bouquins par ordre alphabétique et d'épices par couleur... Repoussez les limites de votre imagination et celles de sa valorisation.

COMMENT FAIRE DURER L'AMOUR

Primo : faites constamment appel à son intelligence. Ne la sous-estimez jamais. Secundo : respectez ses habitudes et ses rituels. Ne vous en moquez jamais. Tertio : suscitez son admiration (qu'elle gardera secrète) en faisant preuve de détermination et d'esprit de décision. Ne la décevez jamais. Vous serez son point d'ancrage pour longtemps.

COMMENT ROMPRE AVEC ELLE

Une lettre manuscrite s'impose, émaillée de citations pénétrantes du genre « Il n'est pas d'éternelles amours », et sans fautes d'orthographe. Éblouie, la Vierge vous regrettera avant même que vous ne soyez parti. Sans bruit, merci.

COMMENT SE DISPUTER AVEC ELLE

Forcez-la à dire ce qu'elle pense, ironisez sur ses petites manies, arrivez en retard, oubliez de la complimenter sur son allure soignée, laissez traîner vos chaussettes : bingo !

COMMENT VOUS RÉCONCILIER (SI VOUS Y TENEZ !)

Relisez les conseils pour la séduire et doublez la mise. Non, la Vierge n'est pas une proie facile, surtout lorsqu'elle s'est laissé prendre une première fois.

Au boulot

COMMENT COLLABORER AVEC ELLE

Carburez au thé vert bio pour tolérer sa manie de tout critiquer et de tout repenser dans les moindres détails. Si ça dépasse vos compétences, jetez-vous sur les offres d'emploi. Et vite.

COMMENT LA MOTIVER

En reconnaissant sa rigueur, tout simplement. Le secret, c'est de la complimenter sincèrement, sans en rajouter. La Vierge méprise la flatterie.

COMMENT L'INFLUENCER

N'y songez même pas. C'est perdu d'avance. À moins de parler d'austérité budgétaire. De la musique aux oreilles de votre patron ou collègue natif du signe.

COMMENT ABUSER D'ELLE

Exploitez son sens du dévouement quasi religieux. Refilez-lui sans ciller les tâches les plus ingrates pour vous et les plus valorisantes pour elle.

COMMENT OBTENIR UNE PROMOTION, UNE AUGMENTATION DE SALAIRE OU UN JOUR DE CONGÉ

Armez-vous de courage ! Mais si vous prenez rendez-vous à l'avance et que vous lui présentez un tableau ou une liste détaillée justifiant votre demande, c'est à moitié gagné. Misez sur du concret, du solide, du quantifiable. Tentez de ne pas vous endormir pendant votre laïus.

En amitié

COMMENT DEVENIR SON AMI

En étant tout simplement irréprochable. Faute de quoi vous brillerez dans la colonne des nuls dans son petit carnet mental. Les critiques de la Vierge sont promptes et sans appel. C'est comme ça.

COMMENT LUI DEMANDER DE L'AIDE

Là, ça se complique. La Vierge est si souvent submergée par ses propres soucis ! Tenez-vous-en à de nobles événements, comme l'organisation des funérailles de votre perruche adorée. Comment pourrait-elle refuser ?

COMMENT LUI APPORTER VOTRE SOUTIEN

Montrez-vous disponible. Prenez ses besoins au sérieux. La Vierge se manifestera en temps voulu. Inutile de prendre les devants. Avouez que c'est reposant...

COMMENT LUI EMPRUNTER DE L'ARGENT

À votre place, je ne m'y risquerais pas. « La fourmi n'est pas prêteuse, c'est là son moindre défaut. » Ça vous rappelle quelque chose ?

COMMENT NOURRIR VOTRE AMITIÉ

En étant discret comme une ombre, en n'exigeant rien et en ne l'appelant pas toutes les deux secondes. La Vierge a besoin, même après des années de relation, de conserver une distance. Pensez à Garbo, une Vierge pure et dure, et vous verrez le topo.

BALANCE

24 SEPTEMBRE — 23 OCTOBRE

JE TERGIVERSE,
DONC JE SUIS.

LA BALANCE SOUS LA LOUPE

Entre ses doutes et ses envies, ses caprices et ses tergiversations, la Balance tente de maintenir son fragile équilibre. Résultat : à la moindre occasion, elle pèse et soupèse. Deux fois plutôt qu'une. Et elle reprend du début. Elle s'interroge, se contre-interroge, puis consulte son entourage. Sa mère, sa sœur, le beau-frère, la réceptionniste et la voyante. Elle se tâte, doute de ses doutes. Confuse, elle se demande si elle ne devrait pas aller en thérapie. Histoire d'étudier la question, même la plus anodine, sous tous ses angles. Après, elle s'étonne de s'être emmêlé les pinceaux. Et de ne plus savoir quoi faire ni penser.

Je résume : la Balance est indécise. Timorée, influençable, irrésolue. Incapable de trancher dans le vif. Tout ça pour quoi ? Par crainte de faire un faux pas, de s'aliéner ses proches ou d'éventuels alliés. Mais surtout par peur de déplaire. L'horreur ! Heureusement, l'écrivain autrichien Rainer Maria Rilke propose ceci aux natifs du signe : « Personne ne peut vous apporter conseil ou aide, personne. Il n'est qu'un seul chemin. Entrez en vous-même [...] ».

Or, c'est là que le bât blesse pour la Balance : sa peur de déplaire cache une angoisse encore plus dévorante, celle de se retrouver seule, synonyme pour elle de tristesse, de désolation et d'abandon. Cette peur du silence et de se trouver bêtement face à elle-même, elle la trompe en s'entourant. De ses proches, de ses amis, de ses vagues relations, de son coiffeur, de tout, de rien. La Balance est pourtant capable d'introspection... en surface. En fait, la vraie question pour la Balance n'est pas tant comment entrer en elle-même, mais de quelle façon sortir éclairée de l'abîme obscur qu'est son âme ? Je m'abstiendrai d'y répondre, sous peine de passer des jours au téléphone avec elle.

Bien entendu, la Balance a d'immenses qualités. Elle est pondérée, charmante, idéaliste, facile à vivre et élégante. Et plus que tout autre signe, exception faite du

Verseau, elle est animée par un profond sens de la justice. Qui se manifeste avec un tact et une grâce qui n'appartiennent qu'à elle. Ainsi, elle susurrera un désarmant « Vous êtes pressé, n'est-ce pas ? » au client grossier qui tentera de passer devant elle. Ou, sous le regard d'un collègue bénéficiant de privilèges douteux, elle interviendra avec diplomatie auprès de son employeur. Elle n'attaquera jamais quiconque de front, mais elle se fera entendre au bon moment. Pas étonnant que les natifs de la Balance soient de prodigieux négociateurs.

Le plus féminin des 12 signes – ce qui vaut également pour les hommes –, la Balance a le sens du style et un grand souci des apparences. Tant pis si elles sont parfois trompeuses. Oui, l'image a son importance, mais pour la substance, on repassera. Certains parleront du snobisme de la Balance, de sa futilité. Soit. Mais à y regarder de plus près, on s'aperçoit que la Balance souffre de conformisme aigu. Les opinions, les règles et les modèles de la majorité ? Elle les adopte les yeux fermés.

Toujours tirée à 400 épingles, elle est obsédée par son reflet dans le regard des autres. Une obsession qui touche autant les femmes que les hommes du signe, qui se sont mis à plusieurs pour écrire *Le paraître et le néant*, best-seller en rupture de stock permanente. Ce qui m'amène à la bienséance dont elle fait preuve en toutes circonstances. Hautement civilisée et attachée au détail qui change tout, elle est un guide de bonnes manières à elle seule. Que ce soit pour envoyer une invitation finement monogrammée par la poste, pour obtenir le consensus général ou pour effeuiller un artichaut à table, elle brille par sa distinction, qui lui vaudrait l'approbation de la comtesse douairière de *Downton Abbey*. On pourrait croire qu'elle ressemble ici à la Vierge. Or, la Balance est animée par un sens profond de la beauté, tandis que la Vierge l'est par une obsession de la perfection. Nuance.

La Balance peut se révéler brillante, distrayante et toujours partante pour la découverte de plaisirs raffinés. Avec elle, la vie est tourbillonnante, exquise même. Née pour séduire, la Balance sait discourir avec grâce. Son goût pour les rapports intellectuels et les échanges de haut vol en fait une interlocutrice fascinante. Esthète dans l'âme, préférant le luxe discret au chic tape-à-l'œil et l'amour sage à la passion sauvage, la Balance fait dans la légèreté. Ayant du mal à dire non, elle se prête à tout mais sans jamais se donner. Ce qui peut prêter au malentendu : vous la croyiez prête à s'engager, alors qu'elle ne faisait que flirter... Ou vous rendre fou, si vous avez eu le malheur de succomber à son charme.

SA FACE CACHÉE

CE QUI LA FAIT COURIR

Sa soif de justice et d'impartialité... Ah ! ces fameuses envolées pour l'équilibre parfait entre raison et miséricorde, pour l'équité absolue entre les hommes et les femmes, les chiens et les chats, les moineaux et les pinsons. Personne n'est contre la vertu. Surtout pas la Balance, qui y voit l'occasion rêvée de justifier sa sempiternelle indécision.

CE QU'ELLE ÉVITE COMME LA PESTE

Se retrouver seule un vendredi soir avec son verre de *vino* ? Faire face au vide abyssal de sa vie intérieure en regardant *C'est juste de la TV* ? Mesurer sa fragilité dans son lit froid ? Plutôt mourir à petit feu. Ce qu'elle fait parfois en s'accrochant au premier venu qui lui fera bien finir la semaine.

SON FANTASME INAVOUABLE

Être aux commandes d'une machine à remonter le temps. Pas pour revivre les plus beaux moments de sa vie. Non. Mais pour faire marche arrière en cas de mauvais choix. Ou plutôt d'impression d'avoir fait le mauvais. Ce qui, pour elle, revient au même.

SON ENNEMI INTIME

Si elle cessait d'entreprendre une vaste consultation publique avant de prendre la moindre décision (« Penses-tu qu'un tapis jaune, ça irait dans mon salon ? ») :

1) elle aurait moins le tournis devant tant d'avis contradictoires et qui ne font que la confondre encore plus ;
2) elle éviterait de se ruiner en thérapie pour enfin écouter sa petite voix intérieure ;
3) elle pourrait admirer son tapis jaune en paix. Quoique...

CEUX QU'ELLE ENVIE EN SECRET

D'accord, elle les trouve « d'une vulgarité... », mais elle aimerait bien avoir cette désinvolture, ce je-m'en-foutisme des « êtres primaires » qui carburent à l'instinct, comme on dit dans les magazines. Mais elle ne s'y résout pas.

SA MANIE AGAÇANTE

Cette façon de parler au *nous* dès qu'elle est en couple... Comme si ça donnait plus de poids au minutieux compte rendu de son week-end, à ses fines analyses politiques et à ses tentatives d'affirmations d'elle-même et de son statut social.

SA PHRASE FÉTICHE

« Qu'est-ce t'en penses, toi ? », variante insupportable de « Qu'est-ce que tu ferais si tu étais à ma place ? » Autant de questions qui font fuir le commun des mortels, à part le Cancer, trop heureux de venir à son secours. Et de l'embrouiller encore plus.

SON MAUVAIS KARMA

Pour toute Balance digne de ce nom, il y a ce que l'on dit et ce que l'on ne dit pas. Si ce n'est pas joli à entendre, si elle ne trouve pas les mots choisis pour exprimer sa pensée et si cela risque de ternir son image, elle préfère s'abstenir. D'où sa propension aux non-dits qui en disent parfois très long. À moins qu'il en résulte seulement de divertissants malentendus.

SA FAILLE HONTEUSE

Selon un proverbe persan : *Le mensonge qui fait du bien vaut mieux que la vérité qui fait du mal.* La Balance en a fait son credo. Pratique, pour se cacher sous le voile du mensonge diplomatique ou du mensonge par omission.

SON COMBAT INTÉRIEUR

Déchirée entre deux associés, deux amoureux ou deux candidats à *La Voix*, elle lancera candidement : « Entre les deux, mon cœur balance ». Alors que c'est la raison qui la mène. Ce qu'elle n'admettra jamais — du moins en public.

CÔTÉ CŒUR

Pour la Balance, l'amour est la grande affaire de la vie. La seule, l'unique, l'irremplaçable. Pourquoi tant insister sur l'aspect précieux de la chose ? se demande le lecteur Capricorne, allergique au radotage. Parce que la Balance est un être de nuances. Et que les nuances, eh bien, elles nécessitent quelques précisions. Alors qu'en est-il, pour elle, de cette « grande affaire » ? S'agit-il d'amour romantique, où le décorum tient souvent le rôle principal ? D'amour fusionnel, où le *nous* prend le *je* en otage ? D'amour intéressé, où le statut social du partenaire potentiel est aussi attirant qu'aveuglant ? Toutes ces réponses sont bonnes. Quoique pas en même temps, heureusement. Mais qu'on ne s'y trompe pas : l'ascension sociale est l'un des grands moteurs de sa vie. C'est pourquoi, dans la même phrase, elle aligne avec talent les mots *amour* et *affaires*.

CE QU'ELLE ATTEND EN RETOUR

Comment dire... La Balance, pourtant consciente de son pouvoir de séduction, attend que vous la mettiez sur un piédestal. Même après 20 ans de mariage.

SON DÉSIR PROFOND

C'est ici que ça se corse, car qui aurait cru qu'elle rêve secrètement de vous manipuler (en disant une chose et son contraire, en feignant l'ennui ou l'indifférence), juste assez pour hanter vos pensées ? Une façon pour elle de faire pencher la balance en sa faveur. C'est du moins ce qu'elle croit.

SOUS LA COUETTE (OU SUR UN PIÉDESTAL)

Délicate, changeante et désireuse de plaire par-dessus tout, la Balance fait l'amour avec un grand « Aaaahh ! » Pour elle, tout commence par les échanges courtois. Sa tasse de thé : soirée gastronomique et propos inspirés. Car, pour ce signe d'air, la conversation est un espace érotique en soi. Ainsi, l'expression « prends-moi comme une bête » et autres grossièretés du genre sont à proscrire. Mais bien choisis, les mots doux donnent des ailes à son désir. Entre nous, ce qu'elle préfère, au fond, c'est le discours de séduction qui mène à son lit. Après, c'est une simple question de style. Le sien est fin, suave et aérien. Toujours en quête de beauté, la Balance recherche les éclairages et les positions sexuelles qui la mettent en valeur. Car pour se sentir désirable, elle doit impérativement plaire à son miroir.

SON PARTENAIRE IDÉAL

Mission impossible avec un homme négligé, un amateur de sexe frénétique, ou encore avec un sans-le-sou (vous avez vu le prix du Château d'Yquem récemment ?). Mission possible toutefois avec un partenaire soigné qui fait rimer luxe, calme et volupté.

SON AMANTE IDÉALE

Le cocktail d'indécision et d'exigence qui caractérise le natif de la Balance ne rend pas les choses faciles. Une chose est sûre : il ne craque que pour les femmes-femmes, attentives à ses désirs et qui l'invitent à explorer des terres inconnues en douceur. Hélas, il est souvent déçu.

SEXOTHÉRAPIE UNIVERSELLE

La Balance vénère la sublimation du naturel. Sa mission, si toutefois elle l'accepte : tenter de se montrer telle qu'elle est (ça vaut pour l'homme comme pour la femme du signe), sans artifice ni faux-semblant. Ou accessoires distrayants. Ce qui inclut le miroir au plafond.

CE QU'ON DIT DANS SON DOS

« SIX TEXTOS EN UNE HEURE ? TU VOIS PAS QUE C'EST UN DÉPENDANT AFFECTIF ? »

« On n'arrive jamais à savoir ce qu'elle pense vraiment. »

« Il sait pas dire non, par peur de blesser. Mais à la longue, c'est pire. »

« Elle est créative, cultivée, raffinée. Elle voit tout ce qui est à l'affiche. J'adore parler d'art et de musique avec elle. »

«Ils l'achètent ou ils l'achètent pas, mon bungalow? Ça fait trois fois qu'ils le visitent. J'ai jamais vu deux branleux pareils.» (Il arrive que les Balance viennent par paire, au grand désespoir des vendeurs pressés.)

«ELLE EST TOUJOURS PARFAITE. SON LOOK, SA COUPE DE CHEVEUX, SES ONGLES, SON SOURIRE... MÊME SES LUNCHS SONT PARFAITS. COMMENT ELLE FAIT?»

«Tu l'as vu faire du charme à la réunion? Flatter le patron et embobiner le reste de l'équipe. Il m'éneeeerve!»

KIT DE SURVIE POUR SES PROCHES

En amour

COMMENT LA SÉDUIRE

Comme disait Coluche: «Si vous cherchez un homme beau, riche et intelligent… prenez-en trois.» Ne faites pas les choses à moitié, tirez-vous à quatre épingles, décrochez-lui cinq étoiles et emmenez-la au septième ciel. La consigne vaut pour tous les sexes et tous les genres.

COMMENT LA REFROIDIR

Invitez-la à préciser sa pensée, à trancher dans le vif. Insistez. Poussez-la dans ses derniers retranchements. L'ambiance sera polaire.

COMMENT S'EN SERVIR

Faites appel à ses talents innés de décoratrice (ou de designer pour les plus douées ou les plus prétentieuses) et d'organisatrice de party. Elle vous en saura gré. Et vous brillerez.

COMMENT FAIRE DURER L'AMOUR

La recette infaillible: respectez son envie de séduire, mais pas trop. Laissez-la s'étourdir dans les soirées mondaines, mais pas trop souvent. Acceptez de recevoir ses amis faussement intellos (ceux qui portent de grosses lunettes noires), mais pas tous. Permettez-lui même une scène, de temps à autre. Vous voyez la constante: pas trop de ceci ou de cela. Agissez avec nuance. Tout en nuances.

COMMENT ROMPRE AVEC ELLE

«Nous nous faisons du mal.» «Nous ne sommes plus heureux ensemble.» «Nous n'avons pas d'avenir.» Vous comprenez l'importance d'utiliser le *nous*, ce pronom magique? Qui aurait cru qu'il vous séparerait aussi élégamment qu'il vous a réunis?

COMMENT SE DISPUTER AVEC ELLE

Lancez les mots *aspirateur, souvent, plus* et *passer,* dans l'ordre ou dans le désordre. Brouille garantie.

COMMENT VOUS RÉCONCILIER (SI VOUS Y TENEZ!)

Visez le trio gagnant: remords, promesses et… femme de ménage.

Au boulot

COMMENT COLLABORER AVEC ELLE

Tant que vous serez la saveur du mois, ce sera délicieux, exaltant et facile de travailler à ses côtés. Morale : gardez légèrement vos distances pour lui permettre de continuer à vous idéaliser.

COMMENT LA MOTIVER

Un bel espace de travail, une fenêtre donnant sur une jolie vue, un titre prestigieux la stimuleront plus qu'un boni. Bien entendu, si elle peut obtenir un avantage ET un boni, elle ne dira pas non.

COMMENT L'INFLUENCER

Comme elle ne demande pas mieux, vous n'aurez aucun effort à faire. Et aucun mérite. Il vous suffit de lui prêter une oreille attentive. Et de la conseiller en veillant à vos propres intérêts.

COMMENT OBTENIR UNE PROMOTION, UNE AUGMENTATION DE SALAIRE OU UN JOUR DE CONGÉ

En faisant preuve de charme. Interdit de réclamer, d'exiger, pire, de la confronter ou de la menacer. Sous peine d'y perdre au change. Et de perdre votre emploi tout court. (Dans six mois, le temps qu'elle décide de vous virer.)

COMMENT ABUSER D'ELLE

C'est possible, mais ça ne durera pas longtemps. Elle flairera vite l'arnaque ou l'abus de confiance, même sous l'emprise de votre eau de Cologne entêtante. Mais si vous y tenez, exploitez sa sensibilité artistique pour parvenir à vos fins.

En amitié

COMMENT DEVENIR SON AMI

Le vrai défi, c'est de le rester. Car – et ça risque de la froisser – la Balance a cette fâcheuse tendance à être plus exquise en société qu'en amitié tellement ses proches lui semblent acquis. À bon entendeur...

COMMENT LUI DEMANDER DE L'AIDE

Franchement et sans détour. Elle volera à votre secours. À condition qu'elle n'ait pas un cocktail ou une soirée de bienfaisance. Elle a tout de même ses priorités.

COMMENT LUI APPORTER VOTRE SOUTIEN (MÊME SI ELLE VOUS L'A DÉJÀ DEMANDÉ)

En l'écoutant tergiverser et angoisser pour un rien. En supportant ses humeurs parfois mélancoliques. En l'emmenant au cinéma voir un très joli film (oubliez les drames d'horreur sanguinolents et autres films violents) pour lui changer les idées (et reposer vos oreilles). Pas besoin d'en faire des tonnes. Une dose *homéosympathique* suffit.

COMMENT LUI EMPRUNTER DE L'ARGENT

Si votre indigence passagère risque de nuire à son standing personnel ou familial, elle s'empressera de sortir son chéquier. Idem si elle peut vous aider à soigner votre réputation auprès de votre banquier. Pour le reste, il y a la carte de crédit de votre choix.

COMMENT NOURRIR VOTRE AMITIÉ

Dans le cas de la Balance, dotée d'un système nerveux fragile, entretenir les liens d'amitié revient à l'accompagner délicatement dans tous ses épanchements, ses frémissements et ses... balancements. À vous de jouer !

SCORPION

24 OCTOBRE — 22 NOVEMBRE

JE PIQUE,
DONC JE SUIS.

LE SCORPION SOUS LA LOUPE

Le Scorpion a mauvaise réputation. À tort peut-être. Mais je dois donner un peu raison à ses détracteurs. Surtout ceux qui s'y sont frottés et piqués. Oui, le Scorpion est un animal troublant. Difficile à cerner, difficile à suivre et difficile tout court. Est-ce en raison de ses exigences impérieuses ? Il aime tant dominer les autres ! Ou à cause de son insatisfaction chronique ? Il passe son temps à décréter comment les choses et la vie devraient être, convaincu d'avoir LE mode d'emploi de l'existence. Ou encore est-ce dû à son besoin de détruire pour mieux reconstruire le monde à sa façon, lui qui se plaît tant à renaître de ses cendres ? Toutes ces réponses sont bonnes. Pas pour tous les natifs du signe bien entendu, mais pour plusieurs d'entre eux, je le crains.

Commençons par les plus extrêmes. Ces invivables qui n'en demeurent pas moins des êtres fascinants. De ceux qui ne cessent d'inspirer des personnages troublants, qui deviendront de célèbres vilains à la télé, au cinéma comme en littérature. Des exemples ? Dans la série télé *Mad Men,* le publicitaire sexy et séducteur tourmenté, Don Draper. Côté féminin, la sadique rédactrice en chef du *Diable s'habille en Prada,* Miranda Priestly. Et la marquise de Merteuil dans *Les liaisons dangereuses*. Experte dans l'art de la dissimulation, ne s'exerce-t-elle pas à garder une expression digne tout en se plantant une fourchette dans la main ? À l'évidence, votre voisin, ami ou collègue Scorpion n'est pas aussi excessif, mais ça donne une idée (à prendre avec un grain de sel) des plus sombres replis du deuxième signe d'eau du zodiaque.

Sur une note plus inspirante, le Scorpion fait preuve d'une exceptionnelle force vitale. Chez lui, aucune tiédeur ni demi-mesure, il veut vivre à fond les expériences qui s'offrent à lui. Il aime courir des risques et transgresser les interdits. Les sens et l'intellect toujours en éveil, il se distingue par sa curiosité dévorante et son érudition, qu'il se plaît toutefois à dissimuler — il abhorre l'étalage de richesses, tant matérielles que culturelles. Mais une fois admis dans son cercle, vous aurez droit à des échanges profonds et sentis, qui vous transporteront.

Mieux que personne, le Scorpion vit *l'instinct présent*. Mené par son intuition davantage que par son cœur ou sa raison, il a le flair pour débusquer la bonne affaire, pour repérer l'occasion inespérée, qu'il saisit le plus généralement avec superbe. Mais il y a un mais : ce signe d'eau est toujours sur le qui-vive. En clair, il se soucie du mal qu'on pourrait lui faire. Ce qui explique sa nature suspicieuse.

Il n'est pas rare de le trouver silencieux, ne livrant aucun indice et cachant ses cartes comme si la vie était une partie de poker. Un chouïa parano, le Scorpion ? Je vous laisse en juger. L'ironie, c'est qu'à force de se méfier de tout un chacun il se crispe et devient facilement antipathique. On le fuit, on émet des hypothèses infondées sur son compte et paf ! ça le confirme dans son doute, qu'il prend, hélas ! pour une certitude. Il y a de quoi rester pantois face à la grande force intérieure du Scorpion. Déterminé, âpre et invincible, il se bat contre les obstacles qui se dressent devant lui et se surpasse dans l'adversité. À vrai dire, c'est dans ces moments-là qu'il se montre le plus admirable. Si bien que même ses plus farouches ennemis (il a un talent naturel pour le conflit) s'inclinent devant une telle résilience. Mais le superhéros Scorpion se fiche éperdument de ce que les autres pensent. C'est un indépendant. Un individualiste. Un pur et dur qui parle peu, se livre encore moins et agit dans l'ombre. Bien entendu, ce splendide isolement lui convient à merveille tant que tout va bien, mais quand les choses tournent mal, il en paie le prix. Car le voilà vraiment seul.

À la fois poison et antidote, le Scorpion est capable du meilleur comme du pire. Paradoxal et bourré de contradictions, il est toutefois l'un des signes les plus créatifs et les plus passionnés du zodiaque. Avec lui, c'est tout ou rien. On s'en doute, pour lui et avec lui, la vie ressemble souvent à un combat épique. À croire qu'il a fait sa devise de la célèbre tirade « À vaincre sans péril, on triomphe sans gloire », écrite par Corneille dans *Le Cid*. En passant, il est toujours utile d'avoir des petites citations du genre sous la main avec un Scorpion. Ça l'épate et ça vous donne une longueur d'avance dans les débats. Car des débats, il y en a et il y en aura. M'enfin, loin de moi l'idée de noircir la réputation du Scorpion. Il le fait très bien lui-même.

SA FACE CACHÉE

CE QUI LE FAIT COURIR

De un, il ne court pas, il avance à son rythme, nuance. Il trace son propre chemin. Ce qui le motive, c'est de s'appartenir et de s'accomplir. De se déconstruire pour mieux se réinventer. Pour laisser une trace de son passage. D'où son urgence de vivre. C'est du moins ce qu'il invoque pour embêter tout le monde. Et je reste polie.

CE QU'IL ÉVITE COMME LA PESTE

À part la hantise de perdre du pouvoir sur lui-même et sur les autres, il fuit les G.O. de service et les indécrottables positifs qui voient toujours le verre plus qu'à moitié plein; il fuit aussi les beaux parleurs, de même que les hystériques, tous de joyeux spécimens sur lesquels il n'a (heureusement) aucune prise.

SON FANTASME INAVOUABLE

Bien qu'il se targue de surmonter tous les obstacles, il ne dédaignerait pas l'avoir plus facile de temps à autre. Mais comme cela l'empêcherait de faire le contraire des autres, il se l'interdit.

SON ENNEMI INTIME

Impitoyable envers lui-même, autocritique à l'extrême et idéaliste jusqu'au-boutiste, il ne se pardonne pas la moindre défaillance. Il se torpille jusqu'à l'autosabotage. Parfois il se pique pour se donner la mort, au sens figuré bien sûr, même s'il a véritablement le réflexe suicidaire de retourner son aiguillon contre lui-même en cas de menace ultime. Mais bon, c'est pour faire image, hein.

CEUX QU'IL ENVIE EN SECRET

Étonnamment, tout Scorpion digne de ce nom n'aspire pas à devenir un être solaire et rayonnant, contrairement au Lion, au Bélier et au Sagittaire. Le Scorpion leur laisse leurs parades et leurs illusions. À vrai dire, il aimerait être de ceux qui vivent sereinement, sans être pétris d'angoisse à 3h du matin. De ceux qui n'ont pas besoin des orages de la vie pour se sentir vivants. Mais y parviendrait-il sans se mépriser ? Pas si sûr.

SA MANIE AGAÇANTE

Qui n'a pas subi sa façon irritante de se faire l'avocat du diable pour la moindre broutille ? Pour le simple plaisir de s'opposer à une idée, à un projet ou à quelqu'un. Et surtout de rappeler à tout un chacun son individualité et sa soi-disant supériorité. Pfft !

SA PHRASE FÉTICHE

« Qu'est-ce que ça cache ? » Voilà une question qui témoigne de sa nature méfiante et soupçonneuse. Comme si la Terre entière était peuplée de mauvaises intentions à son égard. Allons donc !

SON MAUVAIS KARMA

Parce qu'il a été mou et soumis dans une autre vie (je brode un peu), il est devenu inflexible, allergique à toute contrainte. Il ne supporte pas qu'on lui donne des ordres ou qu'on le brime. Pire, il peut crier à l'offense, à l'outrage et aux préjudices en cas de contrariété. Ce qui, on s'en doute, peut nuire à ses échanges avec les autres, même les plus conciliants.

SA FAILLE HONTEUSE

Freud dirait sûrement du Scorpion qu'il a manqué atrocement d'amour pour avoir aussi honte d'en réclamer. À tort ou à raison ? Vaste débat. Mais une chose est sûre : le natif typique refuse de reconnaître sa vulnérabilité, qu'il juge indigne, tout comme ses émotions, qu'il a du mal à maîtriser même s'il les contrôle parfaitement en public. Paradoxal, je vous dis !

SON COMBAT INTÉRIEUR

Être de paradoxes, donc, il n'en est pas à une contradiction près. Une au hasard, tiens : il défie l'autorité et il exige pourtant que les règles du jeu soient clairement définies et suivies à la lettre (surtout par les autres). Je renonce à comprendre.

CÔTÉ CŒUR

« L'amour est un oiseau rebelle / Que nul ne peut apprivoiser / Et c'est bien en vain qu'on l'appelle / S'il lui convient de refuser ! » Ces paroles tirées de *Carmen* valent mieux qu'un grand discours pour décrire la façon dont le Scorpion aborde l'amour. En moins théâtral, mais tout aussi déchirant, le rocker Éric Lapointe (je tiens à varier les genres !) se montre tout aussi convaincant quand il implore : « Tirez-moi une belle dans l'cœur / Arrachez-moi la belle dans'tête / Au pire tirez-moi dans l'dos / Mais tirez-moi une autre femme dans'peau. » Dire que le Scorpion aime avec passion tient de l'évidence. Tout comme il aime bien jouer de son pouvoir. N'est-il pas le premier à attirer l'autre et à le séduire pour mieux le repousser ? Et à s'en amuser ? Tout ça par peur de souffrir, car il sait que la blessure peut être cuisante. Mais qu'on se rassure : lorsqu'il ne se retranche pas dans un comportement aussi extrême (il existe des Scorpion aimants et bienveillants, si, si !), il se révèle magnétique et franchement magique. Avec lui, la vie est pleine d'expériences excitantes à tenter et de mystères à percer.

CE QU'IL ATTEND EN RETOUR

À vrai dire, le Scorpion attend tout et rien à la fois. Entier, il exige une présence totale de l'autre. Individualiste, il déteste subir la moindre pression affective et encore plus le poids de l'engagement amoureux. Ce qui rend les rapports un peu compliqués, il le reconnaît. Ce qui (soupir) ne change rien à l'affaire.

SON DÉSIR PROFOND

S'il pouvait trouver la personne avec qui s'ouvrir et se laisser aller. À qui tout dire sans rien dire. Qui le devinerait. Qui affronterait la vie à ses côtés. Qui lui offrirait une relation à la fois intense, profonde et... légère. Il peut rêver.

SOUS LA COUETTE (OU DANS DES EAUX PROFONDES)

Ce n'est pas un scoop : le Scorpion place le sexe au cœur de ses relations amoureuses. Le désir, avec ses mystères et ses tentations, est son moteur le plus puissant. Autant dire que les pulsions tièdes, les plaisirs convenus et les pratiques sans surprise n'ont rien pour l'émoustiller. De nature sexuelle plus que sensuelle, il semble obsédé par la chose. Parce qu'il est très exigeant, on lui reproche d'être impossible à satisfaire. Car de tous les signes du zodiaque, il est celui qui sait le mieux ce qu'il veut et comment l'obtenir. Qu'on se le dise : avec le Scorpion, le sexe, c'est du sérieux.

SON PARTENAIRE IDÉAL 

Inutile de vous rappeler que les hommes puritains, indécis ou trop bavards n'ont aucune chance avec elle. Son type ? Il lui ressemble par son tempérament ardent, sa présence forte et son insatiable curiosité érotique. Si, en plus, il a du cran et de l'intuition, il est permis d'espérer. Et de passer une nuit mémorable. Voire plusieurs.

 SON AMANTE IDÉALE

Vade retro les partenaires timorées, complexées ou, au contraire, trop dominatrices. Ce qu'il lui faut, c'est une complice avec qui s'envoyer en l'air d'égal à égal. Émancipée et prête à tout (ou presque), elle connaît les voies du désir. Et elle sait d'instinct comment l'y entraîner sans qu'il se sente traqué ou manipulé. Simplement désiré.

SEXOTHÉRAPIE UNIVERSELLE

En a-t-il vraiment besoin, outre celle de se montrer plus vulnérable ? Sa mission : exprimer davantage ses sentiments ou ses émotions dans le feu de l'action. Ma suggestion : lancer quelques compliments en caressant des yeux sa partenaire et en lui susurrant « je t'aime ».

CE QU'ON DIT DANS SON DOS

« IL EST TELLEMENT *SEXY* ET MYSTÉRIEUX ! T'ES SÛRE QUE C'EST PAS UN AGENT SECRET ? » (ENTRE NOUS, CETTE QUESTION, POSÉE GÉNÉRALEMENT SUR UN TON SÉRIEUX, EST STUPÉFIANTE.)

« Il joue pas franc-jeu. Rien à faire, je lui fais pas confiance à celui-là ! »

« Je te parie que, sous ses airs de roc, il s'écroule en dedans ! »

« Dommage qu'elle soit aussi méfiante. Elle rate de belles occasions. »

« IL EN VEUT ENCORE À SON FRÈRE APRÈS 10 ANS ? C'EST PAS POSSIBLE D'ÊTRE AUSSI RANCUNIER ! »

« Elle et ses grands mystères, c'est tellement énervant ! Elle peut pas dire les choses simplement, comme tout le monde ? »

« APRÈS TOUT CE QU'IL A VÉCU, IL EST TOUJOURS DEBOUT. C'EST VRAIMENT UNE FORCE DE LA NATURE. J'AI UN PROFOND RESPECT POUR LUI. »

KIT DE SURVIE POUR SES PROCHES

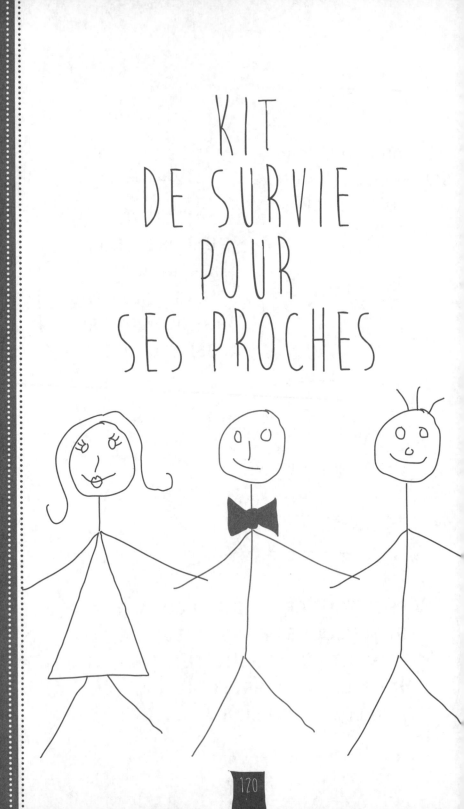

En amour

COMMENT LE SÉDUIRE

Offrez de la résistance, piquez sa curiosité, provoquez-le, déstabilisez-le. Et laissez-le faire le reste, il insistera très vite pour prendre les devants.

COMMENT LE REFROIDIR

Jouez à fond la carte de l'optimiste à qui tout réussit, riez à gorge déployée, revendiquez votre joie de vivre. Répandez-vous en propos superficiels. Non content d'être refroidi, il détalera au quart de tour.

COMMENT FAIRE DURER L'AMOUR

Exigeant comme il est, il vous faudra déployer des trésors d'imagination (parfois tordue) pour lui plaire dans la durée. Surtout au lit.

COMMENT S'EN SERVIR

Tirez parti de ses talents d'habile négociateur. Que ce soit pour vendre votre BMW ou pour expliquer au ministère du Revenu que vous avez « complètement oublié » de faire vos déclarations fiscales depuis 2000, il sera d'un secours précieux. Ne posez toutefois aucune question sur ses méthodes.

COMMENT ROMPRE AVEC LUI

Êtes-vous sûr de vous ? Avez-vous pesé le pour et le contre ? Que gagnerez-vous à le quitter ? Et que gagnerez-vous à rester avec lui ? Dites tout haut que vous ne l'aimez plus sans ciller. Préparez-vous à répondre à toutes les questions qu'il risque fort de vous poser... en conservant cet air troublant et détaché, mis au point pour mieux vous déstabiliser.

COMMENT SE DISPUTER AVEC LUI

Voici trois façons imparables :

1) en attisant sa jalousie ;
2) en réclamant des explications sur tout et sur rien ;
3) en tentant de contrôler ses allées et venues. Bingo !

COMMENT VOUS RÉCONCILIER (SI VOUS Y TENEZ !)

Laissez passer du temps. Beaucoup de temps avant même de penser à tenter de renouer. Sachez qu'il faudra tout recommencer à zéro. Après, la balle sera dans son camp. Pas dans le vôtre.

Au boulot

COMMENT COLLABORER AVEC LUI

Comme il est individualiste de nature, la collaboration sera limitée, disons. Voire inexistante. Chose certaine, respectez cette mise à distance. En cas de malentendu ou d'escarmouche, ne cherchez pas à vous défendre. Ni à vous excuser. Car il cherchera toujours à vous affaiblir.

COMMENT LE MOTIVER

L'argent et le pouvoir étant ses deux plus grandes motivations, à vous de voir si vous pouvez les lui offrir. Faute de quoi, il y a toujours le sexe. À vous de juger.

COMMENT L'INFLUENCER

Première chose, jouez le détachement. Ne laissez pas paraître que vous avez besoin de lui. Ja-mais. Pesez chaque mot. Dites-en le moins possible. Faites-lui plutôt sentir qu'il est le maître du jeu.

COMMENT OBTENIR UNE PROMOTION, UNE AUGMENTATION DE SALAIRE OU UN JOUR DE CONGÉ

Surtout, pas de réclamation intempestive ou trop appuyée. Ça stimulerait son côté sadique. Privilégiez plutôt une approche légère, comme si ça n'avait pas vraiment d'importance pour vous. Ne lui laissez aucune prise. Il aura du mal à vous refuser quoi que ce soit.

COMMENT ABUSER DE LUI

Inutile de jouer à ce jeu. Le collègue ou patron Scorpion est trop fort pour les petites combines du genre. Sans compter que sa capacité de nuire est immense.

En amitié

COMMENT DEVENIR SON AMI

N'entre pas qui veut dans son cercle d'amis. Mais en faisant preuve de souplesse, d'humour et d'indépendance, vous améliorez vos chances d'être admis... à la vie, à la mort. Alors, pensez-y avant de vous lancer.

COMMENT LUI DEMANDER DE L'AIDE

Certes, il n'est pas amateur de petits services à gogo. Ça l'exaspère. Mais que se présente une situation dramatique ou une terrible épreuve, et il sera l'ami précieux sur qui compter. À condition de ne pas en abuser.

COMMENT LUI APPORTER VOTRE SOUTIEN (MÊME S'IL CLAME NE PAS EN AVOIR BESOIN)

Ne perdez pas votre temps : il n'a besoin de rien ni de personne. Même pas de vous.

COMMENT LUI EMPRUNTER DE L'ARGENT

Oubliez l'orgueil mal placé et la honte inutile. Soyez honnête et direct. S'il a les fonds (le contraire serait étonnant), il vous apportera son aide sans poser de question. Et sans exercer de pression pour le rembourser. À vous d'honorer sa confiance.

COMMENT NOURRIR VOTRE AMITIÉ

De la même façon que vous l'avez cultivée : en restant souple face à ses sautes d'humeur et à ses exigences et en gardant le sens de l'humour. Et surtout, en faisant preuve d'indépendance, autrement dit en le laissant se manifester de lui-même et en ne lui posant pas de questions.

SAGITTAIRE

23 NOVEMBRE — 21 DÉCEMBRE

JE CAVALE, DONC JE SUIS.

LE SAGITTAIRE SOUS LA LOUPE

Idéaliste, optimiste, aventurier, courageux, libre penseur… Pas facile de casser du sucre sur le dos du Sagittaire, signe en apparence si vertueux. Mais que cache ce vernis humaniste ? Il y a bien deux ou trois choses, à commencer par son proverbial manque de tact. Bien sûr, l'ami Sagittaire met sa franchise brutale sur le compte de son intégrité sans faille. Mais personne n'en demande autant. Surtout lorsqu'on est la cible de sa *sincérité* en public. Lors d'un cocktail, par exemple. Le populaire Sagittaire, facilement repérable à l'attroupement qu'il a créé autour de lui, vous lance spontanément : « Wow ! T'es magnifique dans cette robe-là. Elle cache divinement ta culotte de cheval ! » Aïe ! Si ce *compliment* sortait de la bouche d'un Gémeaux ou d'un Scorpion, je vous autoriserais à leur balancer votre verre de merlot à la figure. Mais venant d'un Sagittaire, je vous le déconseille, car cet être de feu est totalement dépourvu de mauvaises intentions. Et, on s'entend, de jugement. Il dit bêtement ce qu'il pense. Il n'a pas de filtre. C'est génétique. Alors inutile de prendre un air vexé, car il pourrait, en tentant de réparer sa gaffe, vous plonger encore plus dans l'embarras. Un échantillon ? « Désolée, je ne voulais pas te froisser. J'avais oublié que tu avais eu une liposuccion. C'est réussi, on ne voit vraiment plus les petites bosses à travers le tissu ! » Et le pire, c'est qu'on ne peut pas vraiment lui en vouloir. Surtout lorsqu'il vous couvre de fleurs le lendemain pour se faire pardonner. Car il est comme ça, zéro tact et zéro malice, mais ô combien candide ! C'est très frustrant.

Pour tout dire, le Sagittaire conserve ce je-ne-sais-quoi d'enfantin toute sa vie. La faute en revient à son énergie débordante, à sa naïveté et à son sens de l'émerveillement per-pé-tu-els. Ce n'est pas de la béatitude, mais une condamnation à vie à pousser des oh ! et des ah ! devant la Mona Lisa, ce qui se comprend. Devant un étalage d'aubergine en papier mâché, on s'interroge. Vrai, l'enthousiasme exacerbé de notre mi-cheval mi-homme peut agacer.

Tout comme son fameux besoin de liberté. Son dada, sa toquade, son obsession. Ah ! cet appel des vastes horizons ! Oh ! cette manie de pointer sa flèche vers les sommets inaccessibles au commun des mortels ! Normal, le Sagittaire veut s'élever, se dépasser, se mesurer à l'inconnu. Parcourir le monde, se faire explorateur. Connaître la planète des pôles à l'équateur, chasser le phoque, la baleine et l'ours blanc, le tigre et l'éléphant. Et s'il peut tutoyer le monde en plusieurs langues, c'est encore mieux. « Apprends, prie, aime » est sa devise, en italien comme en swahili. Mais la plupart du temps, cet appétit de dépaysement se traduit par « J'ai besoin d'air », qu'il serine à la moindre occasion.

Il faut l'entendre galoper, tagada, tagada, tagada, devant une pile de dossiers à traiter ou d'assiettes à laver. Vous l'aurez deviné, le Sag (pour les intimes) est un as de la fuite. Surtout devant le quotidien et son corollaire, la routine, qu'il laisse à ceux plus enclins que lui à tâter de petites choses et à accepter de menues contraintes. La Vierge, par exemple, qu'il ne comprend pas mais dont il a terriblement besoin, à sa grande honte.

Évidemment, cette fuite hors du réel l'amène à prendre des risques, dont il se targue de ne pas avoir peur, généralement en public, dans le genre de cocktail où il se met les pieds dans les plats. Le mépris de la peur du risque, donc. Le calcul négligent, l'intrépidité à tout prix… Pas grave s'il tombe du cheval, il s'essuie le sabot (ou les bottes, s'il est cavalier professionnel) et remonte aussitôt pour foncer dans une autre haie.

Vous l'ai-je dit ? Le Sag refuse délibérément d'apprendre de ses erreurs. Et encore plus de ses échecs, mot banni de son vocabulaire hippi-pique, hourra ! Car pour ce vainqueur à tout crin, l'échec n'existe pas, il n'y a que des *expériences*. Merci pour la précision.

Un autre motif d'exaspération et d'envie ? Sa chance inouïe. Une relation haut placée, une information privilégiée, une occasion inespérée, un billet de 100 $ par terre : il est toujours là au bon moment. Avec une telle chance, on comprend pourquoi il est si optimiste. À moins que ce soit l'inverse ?

Le Sagittaire mène souvent une quête spirituelle – qui se limite parfois à exhiber un bouddha dans son salon. Mais qu'importe, il veut comprendre le sens de la vie, lui donner une direction et tracer son chemin. Viser et atteindre un but, noble et chevaleresque, bien entendu. Sinon, à quoi bon trimballer un arc encombrant, lui qui veut voyager léger ? On le constate, le Sagittaire n'en est pas à un paradoxe près.

SA FACE CACHÉE

CE QUI LE FAIT COURIR

Hédoniste à part entière, il veut être reconnu pour son énergie vitale, sa foi et son espoir en l'Homme et en l'Invisible-pour-les-yeux, pour son esprit ouvert et curieux de tout. Quitte à refuser de voir le côté obscur des choses ou de lui-même. Soit. Mais si c'était justement l'absence de part d'ombre, si riche et si fascinante, qui le propulsait en vain au bout du monde ?

CE QU'IL ÉVITE COMME LA PESTE

Abysse insondable, lieu de tous les vices, chronique d'une mort annoncée : j'ai nommé la zone de confort, cauchemar ultime du Sagittaire. Pour lui, arrêter de bouger, d'apprendre, de se mettre en danger, c'est arrêter de respirer, point à la ligne. Pas reposant, le Sag.

SON FANTASME INAVOUABLE

Si le monde pouvait être aussi honnête que lui. Ça lui éviterait de se faire arnaquer ou berner par des profiteurs en tous genres. Il pourrait continuer à placer une confiance quasi aveugle dans les autres. Et continuer à se bercer d'illusions sur le genre humain.

SON ENNEMI INTIME

Le Sagittaire parle, agit, et il réfléchit après. Ça me rappelle une de mes connaissances (fictive et décédée, ne cherchez pas) qui avait la fâcheuse habitude d'avaler un comprimé et de lire la prescription après. La vie est cruelle et la désinvolture, parfois fatale.

CEUX QU'IL ENVIE EN SECRET

« Comment font les gens pour étaler leurs émotions, pour ventiler leurs frustrations et se confier de la sorte ? se demande-t-il. Moi je ne pourrais jamais faire ça ! » Mais s'il le pouvait, qu'est-ce que ce serait bien ! Surtout pour sa cour, qui en a marre de le voir toujours en représentation.

SA MANIE AGAÇANTE

Sa soif d'aventure et de découvertes, bref sa manie d'être ouvert à tous les possibles, l'empêche souvent de faire des choix. Résultat : il arrive qu'on ne sache pas trop sur quel pied danser avec lui. Et le fait de l'inciter à se fixer ne règle rien, bien au contraire : il se cabre. Et notre frustration est à son comble.

SA PHRASE FÉTICHE

« La vie est trop courte ! », répète-t-il tel un mantra pour justifier le plus naturellement du monde soit son manque de disponibilité vis-à-vis de ce qui lui pèse, soit sa tendance à prendre la poudre d'escampette quand ça l'arrange. Ce qui revient au même.

SON MAUVAIS KARMA

D'accord, le Sagittaire est valeureux, fort et indépendant. Sans compter qu'il est souvent né sous une bonne étoile. C'est ce qui explique sans doute son manque total de patience et d'empathie envers les timorés, les perdants et les éternelles victimes de ce monde. Mais qui sait quand la roue peut tourner ?

SA FAILLE HONTEUSE

On le sait, ce jovialiste déteste montrer son désaccord et entrer en conflit avec les autres. Mais s'il préfère prendre la fuite, c'est davantage pour ne pas sacrifier une minute de son temps destiné à vivre dans l'euphorie et le plaisir que par souci de préserver la paix universelle.

SON COMBAT INTÉRIEUR

Comment le Sagittaire, jaloux de sa liberté et phobique devant toute forme d'engagement, peut-il aspirer à former un couple… durable ? Le problème ne se poserait pas s'il recherchait autant la latitude que la solitude. Mais comme ce n'est pas le cas, eh bien, il se pose…

CÔTÉ CŒUR

Ce cupidon à quatre pattes est un conquérant. Rien de moins. Sûr de lui, persuadé que rien ni personne ne lui résiste, il a un charisme fou. Et il n'hésite pas à s'en servir. Pourquoi se priverait-il de son pouvoir de séduction, d'autant plus que la vie est, à ses yeux, faite pour être vécue pleinement ? Il entend aussi par là, sans prises de tête ni complications. Pour le Sagittaire, l'amour est une chose simple, saine et naturelle. Un point c'est tout. Autant dire que les séances de travail sur son couple et la thérapie à deux sont exclues d'emblée. Allergique au train-train quotidien, il mène une vie palpitante et entraînante. Le hic, c'est qu'il en entraîne plusieurs dans son sillage, parfois en même temps. Natures jalouses, passez votre chemin. Il reste que le Sagittaire est fidèle après s'être engagé et avoir donné son cœur en toute sincérité. Ce n'est pas gagné d'avance, mais c'est possible. Une fois cet exploit réalisé, il se montre généreux et exprime librement ses sentiments. Ce qui fait dire à plusieurs que la conquête et l'attente en valent la peine.

CE QU'IL ATTEND EN RETOUR

Avide de connaissances et d'échanges, il veut certes pouvoir parler de tout avec son partenaire. Mais pas trop longtemps, car il se plaît et se définit dans l'action. Indépendant, il exige également une grande confiance de sa part. Pour lui, l'amour est avant tout une profonde complicité. Un partage d'envies, de rêves et de projets.

SON DÉSIR PROFOND

Bien sûr, ce serait formidable de pouvoir aller et venir au gré de ses humeurs, de ses besoins qui alternent entre évasion et attachement. Sans jamais avoir de comptes à rendre. Et en oubliant que le couple a ses obligations. C'est peut-être pour cela qu'il joue les George Clooney et les Charlize Theron, ces stars éternellement célibataires.

SOUS LA COUETTE (OU À CHEVAL)

Dernier signe de feu, le Sagittaire mène sa vie sexuelle avec une énergie hors du commun. Impulsif et sujet à des coups de cœur successifs, il est toujours à la recherche de nouvelles expériences. Tenté par l'infidélité, alors ? Pas forcément. Tant que son partenaire se montre généreux, imaginatif et ouvert aux infinies voies du plaisir, il n'y a rien à craindre. Enfin, la plupart du temps. À vous de tirer vos conclusions. Cela dit, le natif du Sagittaire est dénué de tout esprit calculateur et abhorre les jeux de pouvoir, au lit comme dans la vie. Résultat : cette approche en fait un amant rafraîchissant et délicieusement stimulant. Et si un partenaire sexy, libre d'esprit et désireux de faire évoluer la société croise sa route, la rencontre sera précieuse pour lui. Car en plus de désirer son complice, le Sagittaire doit l'admirer.

SON PARTENAIRE IDÉAL

Pour l'émouvoir, son partenaire doit être informé, s'intéresser à ce qui se passe dans le monde (s'il est étranger, c'est encore mieux) et afficher rien de moins qu'une forme olympique, sinon c'est fichu. Hum… dois-je vraiment rappeler son inclination pour le sexe acrobatique, qu'il prise pour ses positions périlleuses et ses ébats au long cours ? Rien ne vous oblige à faire partie du Cirque du Soleil, quoique…

SON AMANTE IDÉALE

Primo, elle sera ouverte et aucunement susceptible — le Sagittaire oublie de mettre des gants blancs. Deuzio, une fois ce détail réglé, elle gagnera à se montrer souple, partante, sûre d'elle et… bienveillante. En effet, il n'y a aucune place pour la manipulation entre les draps du Sagittaire.

SEXOTHÉRAPIE UNIVERSELLE

Ennemi de la routine, il carbure à la variété. Sa mission : se concentrer sur une façon de donner du plaisir et la perfectionner sans se presser. Ma suggestion : choisir une technique émoustillante et l'explorer à fond. J'oubliais : avec la même personne idéalement.

CE QU'ON DIT DANS SON DOS

«IL EST TOUJOURS EN RETARD! À CROIRE QU'IL EST LE SEUL À AVOIR UNE VIE REMPLIE. COMME SI TOUT LE MONDE AVAIT QUE ÇA À FAIRE, L'ATTENDRE…»

«Je lui ai exposé les problèmes de gestion de la nouvelle équipe. Évidemment, elle me prend pas au sérieux. D'ailleurs, est-ce que ça lui arrive de prendre quelque chose au sérieux?»

«Je rêve de partir en voyage avec lui. Ça doit être passionnant de parcourir la Chine avec quelqu'un d'aussi cultivé et qui parle couramment le mandarin.»

«Qu'est-ce qu'il a à se croire différent des autres? Il pense que la vie va toujours l'épargner?»

« Tu sais pas la dernière... Le patron s'est encore fait avoir par la haute direction. Il est tellement naïf. »

« Depuis qu'elle est arrivée dans le quartier, les choses bougent. En moins d'un an, elle a fait avancer les projets de ruelle verte, d'aide aux devoirs et de bourses pour nos jeunes athlètes. Elle est sympa, en plus ! »

« ON SAIT BIEN, IL A ENCORE GAGNÉ LE *JACK-POT* AU BUREAU ! IL EST TELLEMENT CHANCEUX. COMME DIT MON AMI ESPAGNOL : "IL A UNE FLEUR AU CUL." »

KIT DE SURVIE POUR SES PROCHES

En amour

COMMENT LE SÉDUIRE

Oubliez les stratégies et les tactiques amoureuses supposément éprouvées. Soyez vous-même, naturel et sincère. L'authenticité, la générosité et l'esprit d'aventure auront raison de son cœur. Et de ses résistances. Surtout si vous prononcez les mots *relation*, *couple* et *mariage*. Dans ce cas, un peu d'ivresse sera d'un grand secours.

COMMENT LE REFROIDIR

S'il vous surprend à épier ses courriels, c'est très très mal parti. S'il vous soupçonne de vouloir le garder pour vous tout seul, c'est pire, puisque ça n'ira nulle part.

COMMENT S'EN SERVIR

Le défi sera de savoir à quelles fins l'utiliser, tellement il est doué. Personnellement, j'en ferais mon agent et guide de voyages tous azimuts. En prof de langues, aussi, il ne serait pas mal. Un bon point également si vous en faites votre coach de jogging ou de soccer.

COMMENT FAIRE DURER L'AMOUR

Sachant que l'amour résulte d'un exquis (mais précis) dosage d'amitié, de complicité et d'ébats charnels, vous n'avez qu'à vous laisser guider et entraîner par cet amoureux de feu. Simpliste, tout ça ? Essayez pour voir.

COMMENT ROMPRE AVEC LUI

Jouez franc-jeu. Il n'y a pas d'autre façon. Surtout, restez digne. Résistez à la tentation de vous perdre en explications. De toute manière, il aura déjà filé à l'anglaise au moment où vous souhaiteriez lui faire avouer ses fautes.

COMMENT SE DISPUTER AVEC LUI

Tentez de remettre en cause son intégrité et observez les dégâts. De nature normalement décontractée, le Sagittaire peut, selon l'humeur : s'enflammer momentanément et reprendre ses esprits aussitôt, histoire de trouver un terrain d'entente ; ou prendre la fuite en galopant, vous laissant seul avec vos reproches.

COMMENT VOUS RÉCONCILIER (SI VOUS Y TENEZ !)

Comme pour la rupture, jouez franc-jeu. Peu rancunier, il fera mine d'hésiter, mais il y a de fortes chances qu'il vous ouvre à nouveau sa maison et son lit. Pour son cœur, il faudra tout de même compter un peu plus de temps.

Au boulot

COMMENT COLLABORER AVEC LUI

Non seulement ce sera facile, mais, en plus, vous en aurez envie. Il vous soutiendra, vous inspirera, vous félicitera. En revanche, ne comptez pas sur lui pour écouter vos récriminations à la petite semaine, ça non.

COMMENT LE MOTIVER

Au début, pas de souci. Fougueux, le Sagittaire se mettra de bon cœur à la tâche. Mais que viennent l'ennui et la monotonie... Il n'aura qu'une envie, se faire voir ailleurs. Solution : stimulez son intellect, lancez-lui des défis en permanence et laissez-le courir à bride abattue dans le bureau (au sens figuré, bien sûr). Il vous éblouira au moins pendant six mois, voire un an. Après, c'est à recommencer.

COMMENT L'INFLUENCER

Bon joueur, le Sagittaire sait prêter une oreille attentive à ses collègues et supérieurs (même si l'idée le rebute). Mais soyez vrai, faute de quoi il fera la sourde oreille.

COMMENT OBTENIR UNE PROMOTION, UNE AUGMENTATION DE SALAIRE OU UN JOUR DE CONGÉ

Demandez et vous recevrez. Mais demandez franchement et sans détour. Les choses ne sont jamais bien compliquées avec un patron Sagittaire. Si elles le sont, c'est généralement de votre faute.

COMMENT ABUSER DE LUI

Rien de plus facile, vu sa crédulité. Mais entre nous, où est l'intérêt ?

En amitié

COMMENT DEVENIR SON AMI

Faire partie de son cercle de connaissances, c'est du gâteau. Mais devenir son ami, un vrai, un irréductible, voilà un défi plus ambitieux. Sauf pour celui qui saura partager son enthousiasme, encourager ses ardeurs et le stimuler sans jamais l'envier ni le réprimer. Le tout, en faisant preuve d'une totale intégrité. Pas si facile, hein ?

COMMENT LUI DEMANDER DE L'AIDE

Généreux et à l'écoute, il anticipera fort probablement votre demande. Il a horreur de voir ses proches dans le besoin.

COMMENT LUI APPORTER VOTRE SOUTIEN (MÊME S'IL CLAME NE PAS EN AVOIR BESOIN)

Terrain miné, je le crains. Attendez plutôt qu'il vous fasse signe. Ce qui ne risque pas d'arriver. Mais on ne sait jamais.

COMMENT LUI EMPRUNTER DE L'ARGENT

Attendez-vous à ce qu'il vous demande simplement : « De combien as-tu besoin ? Et pendant combien de temps ? » Pour le reste, c'est une question de style. Je vous fais confiance. Dans la mesure où votre requête est honnête.

COMMENT NOURRIR VOTRE AMITIÉ

Vous l'avais-je dit ? La plupart des Sagittaires ont un amour immodéré des animaux et du sport. Ajoutez à cela un attrait pour la philosophie, le voyage et les affaires internationales, et vous avez un portrait des conversations et des activités à partager avec lui sans modération. Entre Fido, les Canadiens, Socrate, la Tanzanie et les tensions en Russie, il n'y a que l'embarras du choix.

CAPRICORNE

22 DÉCEMBRE — 20 JANVIER

JE CAPITALISE,
DONC JE SUIS.

LE CAPRICORNE SOUS LA LOUPE

Penchons-nous sur un mystère. Quoi, le Capricorne, si sérieux, si terne et terre-à-terre, un mystère ? Oui, mesdames, messieurs et transgenres. Sinon, comment expliquer son ascension aux plus hauts sommets, alors qu'il ne part jamais favori ? Permettez-moi d'éclairer votre lanterne. Pour cette âme grise, tout repose sur sa force tranquille. Sur ses ambitions secrètes et dévorantes. Et sur les heures supplémentaires qu'il cumule comme d'autres collectionnent les papillons ou les rencontres d'un soir. Concrètement (son adverbe de prédilection), pendant que le Bélier, le Gémeaux et Lion font du bla-bla et moussent leur notoriété respective sur les réseaux sociaux et dans les cinq à sept, le Capricorne, lui, prépare sa réussite dans l'ombre et le silence, au fond du bureau ou du labo. Comme un brave petit soldat ? Erreur. Ce dernier des signes de terre est un bâtisseur qui voit haut et loin.

Rigoureux et discipliné, il calcule et capitalise judicieusement avoirs et êtres en vue d'édifier une œuvre qui résistera au temps. Et qui lui donnera du pouvoir. Un pouvoir discret et redoutable. Dommage qu'il soit d'un ennui mortel en attendant de parvenir à ses fins. Ses collègues savent très bien de quoi je parle. D'ailleurs, ils sont souvent les premiers à lui dire « oui, chef ! » en riant dans son dos. L'ironie, c'est qu'ils s'étoufferont un jour avec l'olive de leur martini en apprenant sa nomination à un haut poste. Il est l'as des lointaines échéances, et il élabore ses combines dans le respect des règles et des lois.

À vrai dire, s'il ne se rebelle pas ouvertement contre l'autorité, ce n'est pas par molle soumission, mais en raison de son sens politique inné. Il y a longtemps qu'il a compris, qu'il est totalement contre-productif de torpiller la figure (du chef) qu'on se destine à devenir.

Avant d'aller plus loin, clarifions quelques perceptions erronées sur le Capricorne. Vous le croyez coincé, alors qu'il est prudent. Vous le soupçonnez de manquer de sensibilité alors qu'il ne s'en remet qu'à la raison. Vous l'estimez négatif, or c'est un grand réaliste. Vous l'accusez même d'être strict à outrance, lui qui n'obéit qu'aux règles imposées. Ouais, c'est bien joli tout ça, vous dites-vous, mais que peut-on attendre d'un être au cœur aussi sec et à l'esprit aussi cartésien ? Plus qu'on ne le croit, je vous assure. Le Capricorne est fidèle, loyal ; c'est un ami des bons comme des mauvais jours, qui ne vous laissera jamais tomber. Ce qui, à notre époque, ne court pas les rues, convenons-en. De plus, ne vous fiez pas à son détachement apparent, qui ne sert qu'à le protéger de sa grande vulnérabilité. S'il s'en défend, c'est de peur qu'on le raille, qu'on le rejette ou qu'on voie à travers lui. Cela dit, une fois sa garde baissée, il ne demandera pas mieux que de s'ouvrir et de se laisser aller progressivement – à condition qu'on lui promette loyauté et fidélité. Et qu'on tienne sa promesse. C'est un grand romantique qui s'ignore, au fond.

Mais bon, pas d'emballement irraisonné : le Capricorne reste froid, peu friand du partage, encore moins des divertissements en tous genres.

Pour ajouter à son tempérament guilleret, le Capricorne a besoin d'avoir le contrôle sur les événements, c'est pourquoi il envisage le pire et rarement le meilleur. Par exemple, en pique-nique, il apportera un parapluie mais oubliera le tire-bouchon, au grand désespoir de ses proches. Mais que le ciel se déverse en orage sur leur tête, le Capricorne ouvrira triomphalement son parapluie, trop content d'avoir raison. Le Capricorne a toujours raison, soyez prévenus.

Et que dire de sa radinerie, que trahit sa collection d'échantillons de crème qui remontent aux Jeux olympiques... de Montréal ? Si ce ne sont pas les détails qui font la personnalité... je rends ma boule de cristal.

J'allais oublier sa résilience extrême, l'un de ses principaux atouts. Comme le Scorpion, le Capricorne résiste aux pires épreuves et aux conditions les plus hostiles. Jusqu'à afficher un petit côté misanthrope. Ce n'est pas qu'il déteste le genre humain et tout ce qui s'y rattache, c'est qu'il n'est pas à l'aise en compagnie des hommes. Ça coince, ça tourne carré, ça l'angoisse et ça lui donne envie de fuir. Ce qu'il fait très souvent. De la musique, un livre, un partenaire silencieux lui suffisent. (Pour ceux qui sont à la recherche de sensations fortes, la sortie de secours est à votre gauche.)

Notez que personne ne vous oblige à aimer le Capricorne, lequel, il faut le reconnaître, a le grand mérite de ne pas exiger des autres ce qu'il ne parvient pas à faire lui-même. Et c'est tout à son honneur.

SA FACE CACHÉE

CE QUI LE FAIT COURIR

Faire un mariage de raison et de pouvoir, étouffer ses propres besoins, éliminer les risques... Le Capricorne est capable de bien des choses pour assurer sa sécurité. Pas seulement matérielle (si ce n'était que ça !), mais bien intérieure, existentielle, quoi ! Lucide, il connaît trop bien la fêlure intime en lui, celle d'un ego fragile, qu'il tente désespérément de cacher sous des allures de roc.

CE QU'IL ÉVITE COMME LA PESTE

S'il y a une chose qui l'horripile, c'est bien de dépendre des autres. S'il fallait que son beau-frère retardataire lui fasse manquer son avion, que sa collègue bousille sa présentation PowerPoint, que son garçon d'honneur oublie la bague de mariage... « Non vraiment, on ne peut compter que sur soi-même », marmonne-t-il dans sa tour de solitude orgueilleuse... et blessée.

SON FANTASME INAVOUABLE

Se lever à l'aube, se mettre tout nu et crier du haut d'une montagne qu'il aura gravie avec peine : « Je hais la stupidité humaine ! » Et en descendre, soulagé, avant de remettre ses lunettes de *nerd*. Gloups.

SON ENNEMI INTIME

Pour le Capricorne responsable, compétent et poussé par un sens aigu du devoir, la vie rime avec méritocratie. Normal qu'il en fasse des tonnes. Qu'il soit impitoyable envers lui-même – quant aux autres, qu'ils se débrouillent. Le problème, c'est lorsque ce système de pensée détermine son bonheur. Autant dire qu'il en goûte rarement.

CEUX QU'IL ENVIE EN SECRET

Tous ces êtres légers et forcément inoffensifs qui l'entourent, il s'en balance. En fait, ce sont les génies à la vitesse d'exécution supersonique, ces esprits vifs, brillants, agiles, bref, supérieurs, qui le troublent. Vrai, il les envie avec une hargne habilement dissimulée, tout en se tuant à la tâche. Entre ambition et masochisme, la ligne est parfois ténue pour cette biquette volontaire.

SA MANIE AGAÇANTE

Sa façon de regarder de haut ses congénères affolés ou simplement angoissés, comme s'il était le champion de la maîtrise de soi, a de quoi faire perdre son calme. Et c'est précisément ce qu'il s'évertue à faire. Ne serait-ce que pour le plaisir de lancer : « Vous êtes trop émotifs. Nous nous reparlerons quand vous vous serez calmés. » Satyre, va !

SA PHRASE FÉTICHE

« Il faut donner du temps au temps. » « Hâte-toi lentement. » « Ce qui se juge lentement se juge sûrement. » Le temps et la lenteur (et les grands auteurs) sont les marottes de la petite chèvre. Préparez-vous à l'entendre radoter. Bêêê.

SON MAUVAIS KARMA

Je parie que, dans une autre vie, il était une petite chose oisive et influençable, qui est revenue sur Terre pour reprendre le contrôle des opérations. C'est bien joli, mais ce qu'il a perdu en confusion, il l'a gagné en rigidité et en froids calculs. Et la tendresse, bordel ?

SA FAILLE HONTEUSE

Évidemment, il a l'air sûr de lui et bien campé dans ses certitudes. Mais dans l'intimité, le Capricorne doute de son *sex-appeal*. Pudique et souvent mal dans sa peau, il ne se sent pas désirable. Enfin, pas aussi désirable que les autres. C'est pourquoi il repousse le moment de la chose et se rabat sur son intellect. Résultat : beaucoup de Capricorne sont célibataires.

SON COMBAT INTÉRIEUR

Si elle réussit à ne pas se laisser abuser par le pouvoir, la gloire et l'argent, notre chère biquette pourrait bien se délester d'un grand poids. Ce qui est pratique pour atteindre d'autres sommets. Mais si elle succombe aveuglément à son besoin d'autorité et de sécurité, elle risque de dégringoler plus vite qu'elle n'a réussi à grimper. Ou, pire, d'être réduite à contempler les pics chaleureux, vivants et oxygénants qu'elle a délaissés.

CÔTÉ CŒUR

En amour comme dans le reste de sa vie rangée, ordonnée et frugale, le Capricorne ne prend rien à la légère. Vous croyiez que les affaires du cœur ou les tentations du sexe lui feraient perdre la tête ? Que nenni ! C'est un froid, et il le reste. Mais froid ne veut pas dire de glace, au contraire. Il y a bien une âme sensible qui se cache sous ce détachement apparent. Oui, mais voilà, il vous faudra user de patience, de maîtrise et de ruse pour la débusquer. Et accepter qu'il n'est pas facilement enclin à partager sa vie. Pas romantique, la petite chèvre ! Cela dit, est-ce que tous ces efforts en valent la peine ? Si vous recherchez une relation stable, rassurante et prévisible, un cadre de vie (mes mots ne pourraient être mieux choisis) calme, serein et confortable, vous serez servi. Pour le meilleur et pour le pire.

CE QU'IL ATTEND EN RETOUR

On s'en doute, le Capricorne exige du respect, la raison avant la passion et un profond sens de l'engagement chez son partenaire. Bien entendu, un brin de fantaisie (mesurée) ne nuit pas. Mais attention, cela doit se faire avec classe et dignité.

SON DÉSIR PROFOND

Lui qui contrôle tout dans sa vie et fait preuve d'un incroyable sang-froid rêve en secret de baisser sa garde et de s'abandonner totalement aux désirs de l'autre. Bref, de lâcher prise. Mais j'ai bien peur, à moins d'un revirement de situation spectaculaire (et inquiétant), que ce soit dans une autre vie.

SOUS LA COUETTE (OU DANS SON BUREAU)

Qu'on se le tienne pour dit : ne se glisse pas dans son lit qui veut... Obsédé par le travail et la réussite, le Capricorne accorde rarement au plaisir la première place dans sa vie. Sans compter que la quête de l'orgasme n'est pas sa tasse de thé. Ni les histoires d'un soir. Mais que se passe-t-il une fois la tête sur l'oreiller ? C'est là que sa nature de feu sous une couche de glace se révèle. Ardent et doté d'une grande intuition érotique (une fois qu'il se sent en sécurité), il sait d'instinct comment combler son partenaire... de manière classique. Ne vous attendez pas à une inventivité sans pareille. Petit détail croustillant : contrairement à la tendance générale, sa libido gagne en vigueur avec les années...

SON PARTENAIRE IDÉAL 

S'il ne sait pas lui mettre l'eau à la bouche et mériter sa totale confiance, il peut aller se rhabiller. Ce qu'il lui faut, c'est du vrai, du solide, ou rien du tout. S'il veut s'attirer ses faveurs, l'heureux candidat devra aussi faire preuve de sensualité. Une voix posée, une démarche assurée, des gestes lents, un sourire entendu et un lieu discret sont essentiels pour l'aguicher.

 SON AMANTE IDÉALE

Avec un homme pour qui les plaisirs ont leur importance, les préliminaires commencent à table. Alors pas question de chipoter dans votre assiette ! Une fois dans ses bras, et après avoir respecté les usages de circonstance, l'élue devra faire preuve de savoir-vivre (l'étiquette au lit, ça vient de lui !) et de savoir-faire, avant de lui laisser prendre le dessus.

SEXOTHÉRAPIE UNIVERSELLE

Oui, il est doué, mais comme il a tendance à prendre la chose un peu trop au sérieux, voici ma suggestion pour donner un aspect ludique à ses ébats. Pourquoi ne pas dénicher un *sex toy* qui non seulement pimentera son *sexe-à-pile* mais lui réservera aussi des heures et des heures de plaisir ?

CE QU'ON DIT DANS SON DOS

« C'EST UNE AMBITIEUSE. UNE BÊTE POLITIQUE, J'TE DIS. T'AS VU COMME ELLE SAIT MANŒUVRER POUR OBTENIR CE QU'ELLE VEUT ? C'EST IMPRESSIONNANT ! »

« J'ai partagé ma chambre avec lui au congrès, l'enfer ! Il arrêtait pas de ranger derrière moi, de se plaindre du bruit et de soupirer quand il m'entendait rentrer. »

« J'ai rarement vu quelqu'un résister autant au changement... »

« Lui, économe ? Tu parles, c'est un pingre de la pire espèce ! Pas seulement avec son argent, mais aussi avec son temps. »

« ELLE TRAVAILLE TOUT LE TEMPS, LE JOUR COMME LA NUIT. ÇA LUI ARRIVE DE PRENDRE DES VACANCES, TU PENSES ? J'TE PARIE QU'ELLE LIT SES COURRIELS EN CACHETTE, DANS LES TOILETTES... »

« J'ai toujours trouvé qu'elle faisait plus mûre que son âge quand elle était petite. Aujourd'hui, c'est fou, j'ai l'impression qu'elle rajeunit avec les années ! »

« Hier soir, au souper de famille, il a pas dit un mot. Il s'est même pas intéressé à mon mari, ni à mes enfants. Je me demande s'il est dépressif ou juste mal élevé. »

KIT DE SURVIE POUR SES PROCHES

En amour

COMMENT LE SÉDUIRE

Laissez-lui tout le temps du monde... Mais, de grâce, ne lui en faites pas perdre. Si la fidélité, le mariage et l'avenir à deux ne font pas partie de votre conception de l'amour, passez votre chemin. Le cas échéant, faites-lui comprendre subtilement que vous êtes relativement indépendant de fortune, ça le rassurera.

COMMENT LE REFROIDIR

Faites dans la frivolité. Ne répondez pas dans l'heure à ses messages, arrivez en retard, changez d'avis au dernier moment. Mieux, annulez à la dernière minute. Si vous vous ravisez, embrassez-le goulûment en public. Si ça ne le refroidit pas, c'est qu'il est déjà mort.

COMMENT FAIRE DURER L'AMOUR

Ça ne devrait même pas être un souci entre vous, car si vous êtes ensemble, c'est pour la vie, n'est-ce pas ? Et il n'y a aucune raison que ça change. Enfin, de l'avis de votre Capricorne adoré.

COMMENT S'EN SERVIR

Faites main basse sur ce grand argentier du zodiaque. Faites-en votre comptable, votre planificateur financier d'office. Vous vivrez chichement mais sans vous soucier du lendemain. Ah oui, profitez-en pour lui faire repriser votre bas de laine !

COMMENT ROMPRE AVEC LUI

Trouvez un bon, que dis-je, un excellent avocat. Et laissez la justice s'occuper du divorce. De toute façon, votre (futur) ex n'aura aucune envie de discuter du partage des petites cuillers avec vous.

COMMENT SE DISPUTER AVEC LUI

Le jour où vous serez un poids et qu'il vous sentira à sa charge, ça risque de mal tourner. Pas d'engueulade, zéro pétage de plombs, mais une rafale d'hostilités silencieuses dignes de la guerre froide. Je ne vous dis pas !

COMMENT VOUS RÉCONCILIER (SI VOUS Y TENEZ !)

Rancunier et doté d'une mémoire prodigieuse, le Capricorne n'est pas facile à amadouer. Et encore moins à reconquérir. Alors comment faire ? Reconnaissez vos torts, restez digne, faites vœu de fidélité et de frugalité.

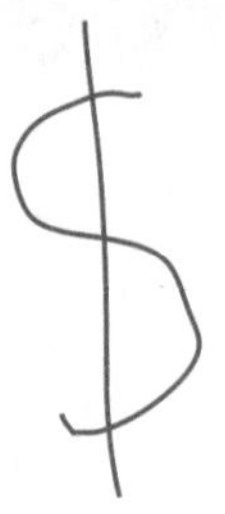

Au boulot

COMMENT COLLABORER AVEC LUI

Surtout, ne pas le déranger. Ni faire de bruit. Ni potiner devant lui. Ni manger de la sardine à moins d'un mètre de son cubicule. Ni lui demander s'il reste tard. Bref, garder ses distances et le laisser travailler seul. Je plaisante à peine.

COMMENT LE MOTIVER

Même si c'est superflu – le Capricorne le fait pour lui-même mieux que personne –, la promesse d'une promotion et d'une augmentation est toujours la bienvenue. Ah oui, la possibilité d'un espace de travail loin du photocopieur, de la cuisine, bref, de la vie de bureau, peut le stimuler de manière étonnante.

COMMENT L'INFLUENCER

Réservez vos tentatives de charme à d'autres. Faites valoir la solidité de votre idée, de votre opinion ou de votre projet. Pour lui, c'est tout ce qui compte. S'il se laisse influencer, c'est que ça passe le test de la raison. Mais attention, il exècre le copinage.

COMMENT OBTENIR UNE PROMOTION, UNE AUGMENTATION DE SALAIRE OU UN JOUR DE CONGÉ

La formule magique ? Beaucoup de préparation (il vous posera la question qui tue) + beaucoup de justifications (ayez tous vos bons coups à l'esprit) = une longue réflexion (vous ne teniez pas son accord pour acquis, tout de même !).

COMMENT ABUSER DE LUI

À force de réfléchir, le Capricorne détient quelques vérités sur ses sujets de prédilection tels que l'histoire, la politique internationale, les finances publiques et autres sujets folichons. S'ils coïncident avec les vôtres, soutirez-lui un peu beaucoup de son savoir, tirez parti de son expérience. Ça vaut de l'or. Surprise : lui, si mutique habituellement, devient intarissable sur une matière qu'il maîtrise. Prévoyez une bonne petite heure.

En amitié

COMMENT DEVENIR SON AMI

De la politesse, un respect des conventions, une certaine distance, un intérêt sincère pour ses passe-temps (peu nombreux, donc essentiels) et une tendresse toute en retenue devraient jouer en votre faveur.

COMMENT LUI DEMANDER DE L'AIDE

Même en amitié, il ne peut s'empêcher d'avoir recours à la logique, ce qui peut refroidir les rapports, j'en conviens. Alors, réfléchissez avant de faire appel à son soutien. S'il estime qu'un professionnel (plombier, déménageur, garagiste ou psy) peut mieux faire que lui, il vous le rappellera sans hésiter.

COMMENT LUI APPORTER VOTRE SOUTIEN (MÊME S'IL CLAME NE PAS EN AVOIR BESOIN)

Quand on voit les besoins criants de l'humanité, pourquoi diantre s'entêter à vouloir aider quelqu'un contre son gré ? D'autant plus que cela est parfaitement inutile. Jetez plutôt votre dévolu sur une cause qui vous tient à cœur.

COMMENT LUI EMPRUNTER DE L'ARGENT

« T'en avais pas mis de côté ? » Attendez-vous à l'entendre vous poser la question avant même qu'il déplore son incapacité à vous dépanner. Que voulez-vous, ses actions ont chuté et, comble de malheur, il n'a pas accès à son compte en Suisse ! Pôvre lui.

COMMENT NOURRIR VOTRE AMITIÉ

Entre nous, le Capricorne se suffit tellement à lui-même – et attend si peu des autres – que vous aurez peu d'efforts à fournir, peu de gestes à poser. Mais ce n'est pas une raison pour ne pas lui rappeler les vertus de l'amitié (je vous fais confiance), ce qui lui fera le plus grand bien.

VERSEAU

21 JANVIER — 19 FÉVRIER

JE ME VOLATILISE,
DONC JE SUIS.

LE VERSEAU SOUS LA LOUPE

Certains êtres ont des destins franchement divertissants. Prenez l'angélique Verseau, cette créature imprévisible, changeante comme du vif-argent, en perpétuelle quête d'une existence variée et aventureuse. Une existence qui ne ressemble à aucune autre. Et forcément en dents de scie.

Parce qu'il veut éviter la banalité à tout prix, le Verseau ressemble en permanence à un personnage de feuilleton. Que va-t-il faire, décider, entreprendre cette fois-ci ? Comment va-t-il rebondir, ou pas ? Que nous réserve-t-il au prochain épisode ? Pas la peine de le lui demander, le Verseau ne le sait pas lui-même. Quel est l'intérêt de savoir qui et où il sera dans un mois, dans un an, dans une heure, quand il peut prendre un plaisir fou à imaginer sa destinée ?

Car pour idéaliser, il est champion ! Il a besoin d'embellir la réalité, voire de créer une réalité parallèle ; il y trouve son oxygène. Tout comme il a besoin de se forger une personnalité originale, atypique, pour compenser son sentiment d'isolement. Car tant qu'à se sentir différent des autres, donc seul et incompris depuis qu'il est tout petit, il y va à fond. Il fait l'original et orne de merveilleux tout ce qui l'entoure. Son partenaire est « follement fabuleux », ses enfants sont « incroyablement merveilleux », ses vacances, « exquisément dépaysantes », et j'en passe. Avec lui, une catastrophe devient « une expérience humaine » – les mots *échec, défaite* et *fiasco* étant rayés de son vocabulaire. Aussi, à ses yeux, un divorce est un « détachement responsable », une faillite, « une libération des vils biens matériels », un coma, « un éveil spirituel »... Ça fait presque rêver.

Si bien que ses détracteurs zélés, qui en ont marre de sa quête d'un idéal de vie inaccessible, soutiennent qu'à ce stade avancé d'idéalisation, on parle de déni pathologique. Avec raison ? Oui et non. Oui, le Verseau est vraiment flegmatique. Spirituellement parlant, il est centré, quoi qu'il arrive, et il garde une distance par rapport à ses émotions. Ou, à tout le moins, il les garde pour lui. Non, il n'est ni zen, ni bouddhiste, ni yogi, mais il a ce je-ne-sais-quoi de surnaturel qui le distingue du commun des mortels.

Ne l'oublions pas, le Verseau est capable du meilleur comme du pire, du plus suave comme du plus cruel. S'il peut faire l'ange, il peut aussi bien faire la bête. Drôle, empathique, spirituel et visionnaire, il peut se montrer intraitable et impénétrable en cas de manquement à l'intégrité, à la justice ou au respect à l'égard des autres ou de lui-même. Qu'on se le tienne pour dit! D'autant plus que le Verseau déteste se répéter.

Trop heureux de faire le bien autour de lui — à condition qu'on ne l'y oblige pas et qu'on ne l'envahisse pas —, il rend au centuple tout ce qu'il reçoit. Ce qui va de pair, selon mes savants calculs, avec de fortes probabilités d'appauvrissement. Vrai, le Verseau craint de ne jamais donner assez. Il a beau se montrer généreux, on a pourtant toujours l'impression qu'il nous tient à distance. Avec élégance, soit, mais à distance quand même. Il se garde une petite gêne qui passe à tort pour du snobisme, alors que c'est sa doudou le protégeant contre ce monde si cruel.

Sans compter qu'il a un mal fou à recevoir ce qu'on lui donne. La faute en revient à sa sempiternelle crainte d'être accaparé, redevable ou enfermé. Une hantise qui explique aussi son attrait pour les amours et les amitiés à distance, si faciles à idéaliser! Quant à ses amis proches sur les plans géographique et affectif, ils ont souvent le sentiment de ne jamais vraiment entrer dans sa vie.

Parlant d'aéronef, il arrive que le Verseau saute dans un avion de brousse pour se rendre en mission humanitaire... sans voir que son plus proche collaborateur sombre dans la dépression. Ou que son fils est sur le point de décrocher. Et que son partenaire siffle les bouteilles de chardonnay à la vitesse grand V. Que voulez-vous, il est souvent plus sensible aux drames de purs inconnus qu'à ceux de ses proches. C'est plus fort que lui: les vastes horizons lui permettent de réfléchir au sens profond de la fraternité universelle, de la vie, de la mort. Et de se déguiser en courant d'air, en se rappelant les mots de la star de l'Académie française Marguerite Yourcenar: « Se détacher, c'est s'attacher plus haut », pour se donner bonne conscience. Pas besoin d'être extralucide pour voir qu'on a affaire à un drôle de numéro.

SA FACE CACHÉE

CE QUI LE FAIT COURIR

Sa quête de liberté ? Non, trop facile. Son vrai moteur, c'est d'être unique. De ne pas ressembler aux autres. Ce n'est pas qu'il soit individualiste, ou si peu. Seulement, il ne supporte pas de faire comme tout le monde. Lui, il vit pour trouver sa voie. Sa vérité. Est-elle toujours édifiante ? Ça, c'est une autre histoire.

CE QU'IL ÉVITE COMME LA PESTE

L'ennui, bien entendu. Mais plus que tout, c'est la réalité qui le tue. Ce qui lui donne une excellente raison de se cacher derrière des formules toutes faites du type : l'utopie n'est pas un luxe, mon ami, mais une nécessité. Après, il se demande pourquoi on ne l'invite pas au tournoi de *mini-putt* du bureau.

SON FANTASME INAVOUABLE

Partir, revenir, passer d'une chose, d'une personne et d'un extrême à l'autre, ni vu ni connu. Bref, filer à l'anglaise sans en subir les effets pervers. Ni en faire subir les conséquences aux autres. Être un pur esprit. Il en rêve la nuit.

SON ENNEMI INTIME

Avec sa peur de déplaire aux autres, de les blesser ou de les contrarier, le Verseau cède du terrain trop facilement. Résultat : il perd souvent au change, quand il ne se fait pas carrément avoir. La faute en incombe à sa nature pacifique, à son manque de caractère ou à ses mauvaises fréquentations ? N'excluons aucune possibilité.

CEUX QU'IL ENVIE EN SECRET

Ce n'est pas qu'il les envie vraiment, mais il se demande parfois comment serait sa vie si, comme les mieux nantis, il avait quelques actions en Bourse. Ou un peu plus d'argent dans son compte d'épargne. Après tout, c'est plus facile de changer le monde quand on en a les moyens...

SA MANIE AGAÇANTE

Ses amis Facebook, et il en a des tonnes, encaissent des citations philosophiques en rafale. Les plus chanceux ont droit à des PowerPoint de son cru sur la fragilité de la vie, l'existence des anges et la quêêête du mieux-êêêtre. On n'éclaire jamais assez ses proches.

SA PHRASE FÉTICHE

« Et si ? », comme dans « Et si on faisait ça différemment ? », « Et si on repoussait les limites ? », « Et si tu n'existais pas ? » – oups, je me suis trompé de registre. Mais bon, vous voyez le genre : le Verseau veut toujours réinventer la roue.

SON MAUVAIS KARMA

Cette créature aérienne vit parfois des périodes de profonde affliction, en silence. Et pourquoi donc ? Parce qu'elle souffre affreusement de l'écart entre son idéal et les éléments concrets de ses réalisations. De tels éclairs de lucidité lui font prendre conscience qu'elle attend trop des autres et de la vie. Mais ils ne durent jamais assez longtemps pour qu'elle « revoie ses critères à la baisse », allons donc !

SA FAILLE HONTEUSE

Sa lubie de voyager léger l'entraîne bien malgré lui à se déposséder. Concrètement, il prêtera volontiers ses outils, sa voiture, ses livres. Il les offrira... jusqu'à se trouver démuni lorsque lui-même en aura besoin. En soi, il n'y a rien de honteux à ça. Mais quand l'histoire se répète à l'infini, et que le Verseau n'en tire pas de leçon, il n'y a pas de quoi se vanter.

SON COMBAT INTÉRIEUR

Comment concilier sa soif d'absolu et sa compassion pour le genre humain, faillible et parfois décevant ? Comment aspirer aux plus hauts sommets sans perdre pied ? Comment atteindre l'universel sans perdre de vue l'intime ? Mine de rien, il se pose ces questions mille fois par jour, en plus de se demander où il a garé sa voiture.

CÔTÉ CŒUR

Le Verseau, ardent défenseur de l'amour-amitié, axé sur la complicité, le respect des libertés individuelles et le partage, on le connaît. Ce que l'on sait moins, c'est à quel point il a besoin d'idéaliser les êtres pour les aimer. Comme si l'amour, dénué de merveilleux et de sublime, le laissait indifférent. Évidemment, cette idéalisation de l'autre donne lieu à quelques petits malentendus, pour ne pas dire à de grandes déceptions. Personne ne tient longtemps sur ce piédestal. Heureusement, cette tendance s'apaise avec le temps et fait place à un amour ancré davantage dans la réalité. Ce qui ne change pas, toutefois, c'est son besoin de faire fi des conventions, des différences, des préjugés et de la routine. C'est sa définition de l'amour libre. Fusionnels, s'abstenir.

CE QU'IL ATTEND EN RETOUR

Parce qu'il tend à intellectualiser, voire à spiritualiser, ses émotions pour mieux s'en détacher, le Verseau recherche un partenaire plein de fantaisie, chaleureux et légèrement (pas trop) pragmatique, qui lui fera garder les pieds sur terre tout en lui permettant de rêver.

SON DÉSIR PROFOND

Il lui arrive de souffrir de sa difficulté à s'attacher, de l'impossibilité pour lui de désirer son partenaire sur le long terme... Il se prend alors à rêver de stabilité, de fidélité, de pérennité. Mais son désir de liberté reprend vite le dessus, surtout face à un partenaire contrôlant, qui a alors droit à sa froideur glaciale.

SOUS LA COUETTE (OU DANS UNE MONTGOLFIÈRE)

Chez le Verseau éthéré, pas de drames, pas de complications, pas de complexes ni de tabous. Il vit sa sexualité au grand jour et avec une irrésistible légèreté, au grand dam de ses proches, qui envient sa désinvolture et sa fidélité à géométrie variable. Passionné par les rencontres et les moyens d'échange, toujours en quête d'expériences, il met les dernières technologies au service de ses envies. Imprévisible et difficile à saisir, il fuit l'engagement à long terme. En revanche, il brille par son inventivité, son absence totale d'inhibition ainsi que par son engouement sans réserve, quoiqu'éphémère, envers son partenaire.

SON PARTENAIRE IDÉAL 

Il n'est ni dominant ni dépendant: ce serait une association contre nature. Il lui faut plutôt un homme d'idées, globe-trotteur, sensuel et un brin rebelle. Plus que tout autre signe, le Verseau recherche un alter ego sexuel, un compagnon de jeu et un complice de vie dans une même personne.

SON AMANTE IDÉALE

Si la dame préfère invariablement potiner plutôt que de parler politique internationale ou cinéma iranien, ses chances seront nulles avec le Verseau, qui exige autant qu'on stimule ses neurones qu'on les fasse frissonner de plaisir. L'idéal serait de lui lire du Sade à voix haute en l'envoyant au septième ciel d'une main experte.

SEXOTHÉRAPIE UNIVERSELLE

Ce n'est ni son cœur ni son corps qui le mène, mais bien son esprit. Sa mission: renouer avec ses pulsions animales trop bien enfouies. Ma suggestion: prendre congé de son côté angélique et laisser libre cours à ses envies sauvages dans des conditions extrêmes, en plein air idéalement.

CE QU'ON DIT DANS SON DOS

« C'EST JAMAIS ASSEZ BEAU, ASSEZ GRAND, ASSEZ PROFOND. ELLE VEUT JAMAIS RIEN FAIRE COMME LES AUTRES. MAIS QU'EST-CE QU'ELLE A À SE COMPLIQUER LA VIE COMME ÇA ? ÇA ME REND FOU ! »

« Il a bien des défauts, mais s'il y a une chose qu'on peut lui donner, c'est de voir le potentiel dans tout ce qui l'entoure. »

« Je me méfie de son petit air angélique. Voyons donc, personne est aussi pur dans la vie... »

« Il idéalise tellement sa femme, ç'en est gênant parfois... »

« JE SAIS PAS SUR QUELLE PLANÈTE ELLE VIT. ON DIRAIT QUE RIEN NE L'ATTEINT... »

« S'il fallait l'écouter, avec ses idées de grandeur, on aurait fait faillite il y a longtemps ! »

« Il est sensible, stimulant, visionnaire. Il nous donne envie de toujours nous dépasser. »

« S'IL Y AVAIT PLUS DE GENS OUVERTS, GÉNÉREUX ET DÉSINTÉRESSÉS COMME ELLE, LE MONDE TOURNERAIT PLUS ROND. »

KIT DE SURVIE POUR SES PROCHES

En amour

COMMENT LE SÉDUIRE

Par votre intellect, votre sensibilité et votre ouverture aux autres. Autrement dit, avec les mêmes armes de séduction massive que les siennes. Avec, en prime, une dose de mystère qui attisera sa curiosité… pendant un temps.

COMMENT LE REFROIDIR

Passez la journée à ne rien faire, habillé en mou. Intéressez-vous davantage à votre compte Twitter qu'à ses conversations. Bref, donnez-lui l'impression qu'il fait partie des meubles: il vous montrera son côté… pas commode.

COMMENT FAIRE DURER L'AMOUR

En supposant qu'il se soit attaché durablement à vous, ce qui constitue un exploit en soi, dites-vous que le plus difficile est accompli. Pour la suite, cultivez votre complicité, votre amitié. Multipliez les aventures, les voyages, les escapades, les échappées belles — avec lui, de préférence.

COMMENT S'EN SERVIR

Puisqu'il est féru d'innovations en tous genres, l'idéal est de profiter de sa longueur d'avance aux rayons des nouveautés technos comme scientifiques et des tendances philosophiques et culturelles.

COMMENT ROMPRE AVEC LUI

Rien de plus simple avec un cœur pur qui a les complications en horreur. Exposez votre petit souci (ouste le sens du drame!) et concluez calmement. Il appréciera votre retenue avant de laisser tomber un digne: « Je comprends. Je ne te retiens pas. » À vous de le détester encore plus, ou non.

COMMENT SE DISPUTER AVEC LUI

Mission impossible. Il est tellement détaché et toujours au-dessus de la mêlée! C'est pourquoi l'achat d'un *punching bag* (ou, pour les moins athlétiques, les consultations répétées chez le psy) m'apparaît comme une solution plus avisée.

COMMENT VOUS RÉCONCILIER (SI VOUS Y TENEZ!)

Encore là, mission impossible: puisque vous êtes déjà amis. Et qu'il est sans doute en train de se réjouir de votre nouvelle complicité dans les bras d'une autre…

Au boulot

COMMENT COLLABORER AVEC LUI

Rien de plus simple et de plus sympa : le Verseau est agréable, créatif et a un esprit de collaboration hors du commun. Mais ne comptez pas sur lui pour les grosses besognes ni les défis de longue durée.

COMMENT LE MOTIVER

C'est en lui laissant les coudées franches, mieux, en lui donnant carte blanche, que vous tirerez le meilleur de lui-même. Les libertés d'expression et d'exécution valent des millions pour lui.

COMMENT L'INFLUENCER

Tour d'abord, affûtez bien vos arguments, car il aime discuter d'une idée, d'un projet, d'une vision. S'ils tiennent la route, il se ralliera sans hésiter. Mais s'ils sont le moindrement boiteux, oubliez ça.

COMMENT OBTENIR UNE PROMOTION, UNE AUGMENTATION DE SALAIRE OU UN JOUR DE CONGÉ

En bon patron, il vous l'accordera sans sourciller. Seule condition : que cela ne nuise pas au bon fonctionnement du groupe. Assurez-vous que ce soit le cas, car il ne remettra pas en cause le bien-être collectif, même pour vous récompenser.

COMMENT ABUSER DE LUI

Avant même d'ourdir un plan scabreux, demandez-vous s'il est éthique de vouloir escroquer un être qui partage déjà ce qu'il a. Je vous laisse écouter votre conscience.

En amitié

COMMENT DEVENIR SON AMI

Des relations, il en a des tas. Prenez un numéro! Et pour devenir son véritable ami, il vous faudra être très patient, très brillant ou très motivé, car n'entre pas dans son intimité qui veut.

COMMENT LUI DEMANDER DE L'AIDE

S'il ne vous a pas déjà offert son soutien, c'est que vous avez été trop discret ou orgueilleux, ce qui est un tort pour le Verseau. Demandez et vous recevrez, rien n'est plus vrai avec un ami comme lui.

COMMENT LUI APPORTER VOTRE SOUTIEN (MÊME S'IL SEMBLE NE PAS EN AVOIR BESOIN)

Nul orgueil mal placé chez le Verseau: il accueillera votre proposition avec plaisir. Reconnaissant, trop parfois, il s'empressera de vous démontrer son appréciation. Et c'est vous qui vous sentirez en dette. C'est bête, mais c'est comme ça.

COMMENT LUI EMPRUNTER DE L'ARGENT

Inutile de vous creuser la tête pour trouver l'art et la manière de lui demander un coup de pouce financier: il vous dépannera sans poser de questions. À condition qu'il en ait mis de côté (pas si sûr) ou qu'il n'ait pas déjà tout distribué pour les causes qu'il soutient (plus probable).

COMMENT NOURRIR VOTRE AMITIÉ

Ce qui est bien avec un Verseau, c'est que l'amitié est tellement vivante qu'elle se nourrit toute seule, si j'ose dire. Ce qui n'empêche pas d'y ajouter une touche de charme et de fantaisie, si chère à l'ami Verseau. Faites preuve d'i-ma-gi-na-tion!

POISSONS

20 FÉVRIER — 20 MARS

JE FLOTTE,
DONC JE SUIS.

LE POISSONS SOUS LA LOUPE

Le Poissons a ses humeurs et ses états d'âme. Et c'est ce qui fait son charme. Il a aussi ses épisodes de langueur, de mélancolie et des moments de grâce, accompagnés le plus souvent de quelques vapeurs éthyliques ou de volutes de fumée de chanvre indien sur fond de musique planante. (Ceux qui se targuent de ne pas boire ni fumer ont aussi leur propre moyen d'évasion, légal ou non, ne vous en faites pas.) Sans surprise, le Poissons a rarement la tête froide et les idées claires. Peut-être à cause de ses petites habitudes (voir plus haut) ou tout simplement de sa nature profonde, pour ne pas dire abyssale.

Oubliez un instant sa (mauvaise et injuste) réputation d'être évasif et insaisissable. Oui, le Poissons tient de la créature souple, tiède et fuyante. Vrai, cet être confus flotte comme un bouchon sur l'eau, préférant se laissant bercer par le clapotis des vagues plutôt que de fendre les flots. Oui, il est envoûtant et d'une sensibilité à fleur de peau. On a tous déjà entendu ça quelque part.

Ce qu'on ignore trop souvent, c'est combien cette quête du flou artistique est nécessaire à son équilibre mental. Et au nôtre. Combien ces contours imprécis qui définissent sommairement sa vie sont précisément ceux qui lui donnent un sens. Qu'importe s'il a du mal à décliner son identité et à orienter son destin, ça lui évite d'être enfermé dans une petite case. Le définitif, ce n'est pas son genre. En effet, le Poissons aime le nébuleux et l'indéfinissable. Il les recherche, même. Car contrairement à la moyenne des ours, terrorisés par l'inconnu, le Poissons, lui, s'en accommode très bien. Il en faut des comme ça.

Pour lui, l'inconnu est synonyme de tous les possibles. Sur ce point, il est un peu comme le philosophe italien Giordano Bruno, qui, en 1575, clamait de sa chambrette de frère dominicain que l'univers est unique, infini. Ce faisant, il donnait des ailes à l'Homme, alors plongé dans l'obscurantisme.

D'accord, Bruno fut brûlé vif pour ses croyances athées, mais sa vision nous a permis de progresser. Morale : on a toujours besoin d'un plus Poissons que soi, d'autant plus qu'il a un goût inné pour le sacrifice. Chacun sa façon de se valoriser.

Impossible de passer sous silence son péché mignon, la paresse. Il y a en lui un visionnaire ambitieux qui sommeille. Mais voilà, il sommeille. Il aime aussi flâner, divaguer en regardant le plafond, prétextant qu'il réfléchit au sort du monde. En grand altruiste, il s'alanguit, dans l'attente d'une réponse, d'une illumination permettant à l'humanité de vivre en accord avec les lois du cosmos. Le hic, c'est qu'il lui faut s'y mettre. Or, lorsqu'une situation exige du punch, le Poissons reste là, les bras ballants. Le danger, c'est que la paresse est une maladie très contagieuse. Hélas, trop de Poissons ignorent qu'ils en sont porteurs.

Tout comme ils ignorent que ne pas agir, c'est agir. Pas étonnant que le Poissons soit parfois surpris des conséquences de son inaction... C'est à se demander d'ailleurs si cette langueur apparente n'est pas le fruit d'une peur du rejet, lui qui tient tant au consensus. On connaît beaucoup de Poissons qui sont prêts à s'effacer pour appartenir au groupe. Prétextant qu'ils sont heureux de vivre en symbiose avec leur milieu. « Nous sommes des gouttes dans l'océan », plaide-t-il, invoquant des considérations altruistes et, il faut bien le dire, défaitistes pour excuser sa passivité.

Heureusement, cela n'enlève rien à sa formidable intuition, qui le trompe rarement et le sauve souvent. C'est son GPS intérieur, ou sa boussole pour les nostalgiques et autres cadets de la forêt. Mieux que personne, le Poissons sait débusquer le merveilleux dans le quotidien et réinventer le réel, à l'instar de Fred Pellerin, ce fabuleux conteur. Quelque chose en lui sait combler notre soif de magie, de fantaisie. Conseiller avisé, il est souvent un exemple de sérénité (apparente, du moins).

Fusionnel et hypersensible, il sait compatir aux souffrances de ceux qui l'entourent et les soulager d'un geste ou d'une parole bien sentis. Jusqu'ici tout va bien. Là où ça se gâte, c'est quand il attire les êtres en difficulté (ça va des écorchés vifs aux causes désespérées). Ce qui lui occasionne généralement déconvenues et déceptions à la pelle. Sans compter qu'à vouloir jouer les sauveurs, il s'oublie et s'immole sur l'autel de ses bonnes intentions. Ce qui est fort dommage, car de nos jours, qui — et je le dis sans ironie — peut se priver d'êtres animés d'un tel amour universel ?

SA FACE CACHÉE

CE QUI LE FAIT COURIR

Courir est un grand mot pour ce signe d'eau qui préfère nager dans des eaux peu ou très profondes. Ça lui permet d'être équivoque sur ses motivations, son comportement et un tas d'autres choses vitales. Ce qui est parfait pour lui permettre d'imaginer l'impossible, de repenser le monde et de se projeter dans un avenir idéalisé... sans jamais aller au bout de ses rêves. Car que lui resterait-il ? La grise réalité, le quotidien affligeant de banalité ? Aussi bien mordre au premier hameçon et finir en papillote.

CE QU'IL ÉVITE COMME LA PESTE

Prendre une décision dans le feu de l'action qui pourrait être contestée et ainsi l'écarter du groupe ? Jamais. Il en serait anéanti, voyons ! L'obliger à se détourner du cours suivi par sa conscience et faillir à ses grands principes cosmiques ? Vous voulez rire, il n'y survivrait pas !

SON FANTASME INAVOUABLE

Ah ! S'il pouvait jouer les durs à cuire ! S'il pouvait cesser de rougir en public, d'avoir la larme à l'œil pour un rien ou, pire, de fondre en larmes devant tout le monde (la honte !). Mais en grand hypersensible, il sait bien qu'il ne parviendra jamais à masquer ses émotions. Il se réfugie donc dans la fuite, de peur que son visage, tel un livre ouvert, ne le trahisse.

SON ENNEMI INTIME

Il se veut si facile à vivre qu'on oublie parfois qu'il existe, qu'il a une vie propre. Résultat : on décide d'une fête de famille sans le consulter – de toute façon, « il est toujours disponible ». Entre nous, pourquoi lui demander son avis puisqu'il se ralliera quand même au groupe ? C'est ainsi que le Poissons devient mouton.

CEUX QU'IL ENVIE EN SECRET

Ça varie, puisqu'il croit souvent, à tort, que la vie est plus facile pour les autres. Ça peut être son ami Facebook qui mitraille sa page de photos de son voyage de rêve avec sa famille parfaite (mais qui ne publie pas qu'il croule sous les dettes). Ou son autre amie virtuelle qui affiche son accession au club d'élite de sa profession, sans mentionner qu'elle frôle l'épuisement. Il a franchement trop d'imagination.

SA MANIE AGAÇANTE

Tous ses amis et toutes ses relations vous le diront, ce grand distrait perd tout. Ses clés (parlez-en à sa voisine, qu'il a réveillée à deux heures du matin pour récupérer le double qu'il lui avait confié), son passeport (la veille de son retour de Singapour), quand ce n'est pas la tête. Et quelques amis, excédés, au passage.

SA PHRASE FÉTICHE

« Je pense comme toi. » Combien de fois le malléable Poissons laisse-t-il tomber cette phrase au cours de sa vie – même s'il pense le contraire de son interlocuteur ? Le nombre est incalculable.

SON MAUVAIS KARMA

Pauvre petit Poissons d'eau douce ! Il est tellement obsédé par la portée karmique de ses moindres actions qu'il en vient à sacrifier ses élans et envies, de peur de faire du mal aux autres, aux animaux, aux insectes, aux fleurs et aux plantes. Il s'efface et s'oublie, privant du même coup l'humanité des bienfaits qu'il pourrait lui procurer. Erreur ! Car son bon karma voudrait qu'il sorte enfin du flou, qu'il s'affirme pour mieux tracer son destin. Quitte à écraser quelques pissenlits au passage.

SA FAILLE HONTEUSE

Chacun de nous a son talon d'Achille. Les plus sages le connaissent et savent le combattre. Pas le Poissons, hélas ! S'il connaît son chaos intérieur pour le fréquenter tous les jours et se perdre régulièrement dans ses méandres, il n'a pas la moindre intention d'y mettre un peu d'ordre. Il se condamne donc à retomber dans les mêmes abysses.

SON COMBAT INTÉRIEUR

Rien que l'idée d'avoir à dire non, à revenir sur une promesse ou à s'affirmer devant un sombre individu qui tente de l'exploiter peut lui faire perdre le sommeil. Il angoisse et, comme il a du mal à exprimer son malaise, le Poissons somatise. Il se réveille l'estomac noué et le ventre tendu. Et il en souffre. C'est alors que, une bouillotte sur le bedon, il se dit qu'il devrait vider son sac – « non, trop brutal » – ou qu'il devrait dire le fond de sa pensée à machin – « hum, trop risqué » –, avant de s'enfermer à nouveau dans son mutisme proverbial.

CÔTÉ CŒUR

Toujours là où on ne l'attend pas, il apparaît comme par enchantement et disparaît tout aussi mystérieusement. Charmeur dans l'âme, il peut vous séduire aussi vite qu'il peut vous abandonner. C'est qu'il est déjà attiré vers l'ailleurs, vers une autre île, une autre possibilité. Rêveur, vous dites ? Pourtant, il brûle de trouver l'âme sœur et d'en faire son port d'attache. Momentanément. Épris d'aventure, le voilà qui se jette à l'eau, au gré de ses humeurs et de ses envies. Quitte à perdre pied et à se laisser submerger par la vague… D'où ses nombreuses histoires rocambolesques parsemées de déceptions amoureuses. Est-il désillusionné pour autant ? Que nenni ! En quête de fusion, il replonge et s'adapte à chaque nouveau partenaire pour mieux lui plaire. Peu importe s'il est (trop) différent de lui, il joue les caméléons. Quitte encore une fois à perdre ses repères, déjà si flous. Mais lorsque la rencontre s'avère profonde et authentique, il est le plus romantique des amoureux.

CE QU'IL ATTEND EN RETOUR

Un partenaire sensible et expérimenté, qui comprend ses états d'âme – ou qui, à tout le moins, ne les lui reproche pas au moment où il se sentira le plus vulnérable. Et si, en plus, il cherche la fusion et les effusions sans trop poser de questions, tous les espoirs sont permis.

SON DÉSIR PROFOND

Ah, s'il pouvait trouver le partenaire qui lui corresponde vraiment ! Je veux dire, exactement. Celui ou celle qui ne l'entraînera pas à jouer un rôle ou à se perdre pour mieux lui plaire. Mieux, qui l'acceptera tel qu'il est, tout en lui donnant l'envie de se dépasser. Il en rêve, mais il sait qu'au fond il se refuse rarement à un nouveau partenaire, même s'il ne lui convient pas. Voilà son drame.

SOUS LA COUETTE (OU SUR UN VOILIER)

Pour le Poissons, dire que sexe rime avec érotisme est une lapalissade. Passé maître dans l'art des ambiances romantiques et envoûtantes, le Poissons sait faire jaillir le désir comme personne. Massages émoustillants et habilement exécutés, bains parfumés et chandelles par dizaines, quoique follement clichés, donnent le ton. À ses yeux, la passion physique, rarement dissociée de l'amour, ou, à tout le moins, de la tendresse, est l'occasion rêvée d'échapper au réel. Avec lui, les lents ébats mènent au septième ciel, jamais en dessous. À condition, bien sûr, d'aimer jouer les prolongations et provoquer les clapotis interdits à la piscine ou à la plage.

SON PARTENAIRE IDÉAL 

Je ne saurais trop lui conseiller de se tourner vers un partenaire sain, généreux et vigoureux, auprès duquel elle pourra envisager sereinement l'avenir. S'il se révèle tendre et attentionné en plus, alléluia ! Qui sait si une telle rencontre ne la détournera pas de son attirance naturelle pour les mauvais garçons ?

 SON AMANTE IDÉALE

Un cocktail inhabituel de réceptivité, de sensualité et d'autorité ne lui ferait pas de mal. Pourquoi autorité, pensez-vous ? Je m'explique : il lui faut une amante qui s'impose et lui en impose, qui sache prendre l'initiative, histoire de mieux dompter ses élans, à lui, il s'entend. Je n'irais pas jusqu'à proposer une dominatrice à cravache, quoique...

SEXOTHÉRAPIE UNIVERSELLE

Immensément attentif au plaisir de sa partenaire, il en oublie parfois le sien, le pauvre. Sa mission : se concentrer sur sa petite personne et, ultimement, sur son orgasme. Ma suggestion : s'exercer avec un joujou sexuel ultraperformant afin d'en tester les possibilités sans culpabilité. Fini le sexe sacrificiel ou à sens unique, ce qui revient à la même chose.

CE QU'ON DIT DANS SON DOS

« ELLE A TELLEMENT D'EMPATHIE ET DE COMPASSION. UNE CHANCE QU'ELLE ÉTAIT LÀ POUR M'AIDER À PASSER À TRAVERS MON DEUIL. JE SAIS PAS CE QUE J'AURAIS FAIT SANS ELLE. »

« Tu dis blanc, il dit blanc. Tu dis noir cinq minutes après, et il dit comme toi. Il n'a pas de colonne. »

« Elle a le don de se mettre dans des situations infernales et de se faire mal. À croire qu'elle aime ça, jouer à la victime. »

«S'il cessait de tout le temps vouloir me faire plaisir. De tenir compte de moi dans ses moindres décisions. S'il vivait pour lui, un peu. Ça m'enlèverait un poids!»

«TU DEVRAIS LE VOIR AVEC SES ENFANTS, IL LES LAISSE FAIRE TOUT CE QU'ILS VEULENT! C'EST PATHÉTIQUE.»

«Comme si elle allait s'acheter un condo avec le peu d'argent qu'elle a. Elle se raconte vraiment des histoires. Mais bon, tant que ça fait pas de mal à personne, hein?»

«ELLE SAIT CRÉER DES ATMOSPHÈRES ENVOÛTANTES. L'AUTRE SOIR, CHEZ ELLE, ON SE SERAIT CRU DANS UN CONTE DES MILLE ET UNE NUITS. C'ÉTAIT MAGIQUE!

KIT DE SURVIE POUR SES PROCHES

En amour

COMMENT LE SÉDUIRE

Timides avancées, chastes reculs... Impossible d'avoir une *langueur* d'avance avec le Poissons, tellement il vous glisse entre les doigts. Il vaut mieux renoncer à le saisir et tenter plutôt de l'attirer avec de la musique, des poèmes et de... l'alcool. Et laisser les vapeurs faire leur petit effet. Les résultats sont généralement probants.

COMMENT LE REFROIDIR

Exiger des explications sur son comportement et sur ses sentiments a de quoi le rafraîchir. Quant aux ultimatums, c'est l'ère glaciale assurée. À n'utiliser qu'en cas d'absolue nécessité.

COMMENT FAIRE DURER L'AMOUR

Si vous pouvez, comme on le dit dans les best-sellers sur le couple, « faire durer la magie » à l'aide de compliments, de surprises et de pétales de roses épars dans la maison, c'est parti pour une dizaine d'années. Surtout au lit.

COMMENT S'EN SERVIR

Le rayon pratique étant éliminé d'emblée, vous tirerez parti de ses talents de conteur et de sommelier, très prisés dans les soupers d'amis. Il fait aussi un excellent faire-valoir, ce qui constitue un atout à ne pas négliger.

COMMENT ROMPRE AVEC LUI

Soyez ferme, radical, voire cruel. Tranchez dans le vif et à froid : il n'y a pas 36 solutions pour vous sortir du marasme. Sans quoi vous risquez de l'avoir dans les pattes longtemps : le Poissons a autant de mal à s'engager qu'à rompre.

COMMENT SE DISPUTER AVEC LUI

Assurez-vous d'abord qu'il roupille, ce qui ne devrait pas poser de problèmes. Mettez du Miley Cyrus à fond et brandissez la liste des choses à faire autour et dans la maison (ça vaut aussi bien pour les hommes que pour les femmes). Rappelez-lui que le dimanche n'est pas une journée pour se faire prier.

COMMENT VOUS RÉCONCILIER (SI VOUS Y TENEZ !)

Un appel en pleine nuit (c'est plus dramatique) ponctué de soupirs devrait convenir. N'en faites pas trop, il pourrait raccrocher en douce pour mieux vous filer entre les doigts.

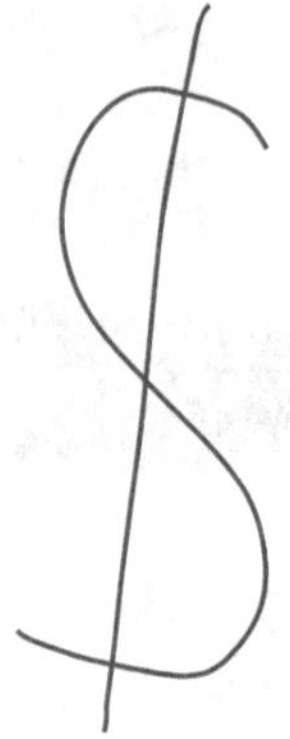

Au boulot

COMMENT COLLABORER AVEC LUI

La dynastie du Poissons déteste les cadres, les horaires, enfin toutes ces choses qui l'obligent à se définir et à s'y tenir. N'oubliez pas que les projets restent souvent à l'état de… projet. Sachez-le et tentez de faire avec. Si, si, vous en êtes capable ! Sinon, le plus simple est encore d'éplucher les petites annonces. Surtout si vous êtes du type horloge suisse.

COMMENT LE MOTIVER

Petit Poissons deviendra grand,
si on le révèle à lui-même,
si on l'encourage sans le presser,
si on le motive sans trop le pousser,
si on le stimule sans l'oppresser.
Avec des si, on fait des merveilles avec le Poissons.

COMMENT L'INFLUENCER

Oubliez tout scrupule et toute culpabilité : l'influencer, c'est lui donner une direction, une voie à emprunter, un objectif à viser. C'est donc lui rendre un service à la fois public et privé. Il en redemandera.

COMMENT OBTENIR UNE PROMOTION, UNE AUGMENTATION DE SALAIRE OU UN JOUR DE CONGÉ

Avec un patron aussi brouillon et en panne d'autorité, il faudra vous y prendre à l'avance et le lui rappeler souvent. Et faire preuve de patience, car lui aussi devra obtenir l'autorisation de son supérieur immédiat. Eh oui, c'est comme ça.

COMMENT ABUSER DE LUI

Les possibilités sont infinies, les moyens illimités. Il suffit de puiser dans ses dons extrasensoriels, comme en lui demandant de lire dans les pensées de vos concurrents ou de vous prédire le prochain krach boursier. Si cela vous semble trop retors ou ambitieux, vous pourrez toujours puiser dans son réservoir débordant d'imagination le jour où vous en manquerez cruellement.

En amitié

COMMENT DEVENIR SON AMI

Comme en amour, vous devrez sans doute faire les premiers pas. Et le voir reculer. Mais avec de la patience et de l'assurance (il ne résiste pas aux gens sûrs d'eux), vous devriez l'attirer dans votre cercle. Conversations passionnantes en vue. Pour les voyages et les sports d'aventure, c'est moins sûr.

COMMENT LUI DEMANDER DE L'AIDE

Un coup de fil, un courriel, une visite à l'improviste... Bref, pas de fla-flas ni de tours autour du pot : soyez bref mais touchant. Le Poissons carbure à l'émotion. Les pleurs sont une excellente option.

COMMENT LUI APPORTER VOTRE SOUTIEN

Nul besoin de vous creuser les méninges, il acceptera votre aide sans broncher. Normal, puisqu'il est le premier à la demander.

COMMENT LUI EMPRUNTER DE L'ARGENT

« Si je ne peux pas faire ça pour toi, à quoi ça sert d'être ton ami, hein ? » Il y a fort à parier qu'il se fendra en quatre (quitte à casser son petit cochon) pour vous dépanner. En oubliant même de vous demander quand vous comptez le rembourser.

COMMENT NOURRIR VOTRE AMITIÉ

Soyez présent dans les grands moments, et encore plus dans les petits. Paradoxalement, il vous pardonnera votre silence radio lors de son divorce, mais il n'oubliera jamais votre absence à son souper d'anniversaire. Ses souffrances sont comme les grandes rivières, profondes et silencieuses.

AFFINITÉS AMOUREUSES

Avec qui formez-vous un duo serein ? pétillant ? explosif ? Avouez que la question ne vous laisse pas de glace... Allez, ne boudez pas votre plaisir : trouvez votre signe dans la colonne de gauche, puis suivez la ligne jusqu'au signe de votre partenaire (actuel ou désiré) dans les colonnes suivantes, et sautez vite à la page indiquée pour découvrir votre compatibilité.

	Bélier	Taureau	Gémeaux	Cancer	Lion	Vierge	Balance	Scorpion	Sagittaire	Capricorne	Verseau	Poissons
Bélier	182	182	182	182	183	183	183	184	184	184	184	185
Taureau	182	185	185	186	186	186	187	187	187	187	188	188
Gémeaux	182	185	188	189	189	189	189	190	190	190	191	191
Cancer	182	186	189	191	192	192	192	192	193	193	193	194
Lion	183	186	189	192	194	194	195	195	195	195	196	196
Vierge	183	186	189	192	194	196	197	197	197	197	198	198
Balance	183	187	189	192	195	197	198	199	199	199	199	200
Scorpion	184	187	190	192	195	197	199	200	200	201	201	201
Sagittaire	184	187	190	193	195	197	199	200	201	202	202	202
Capricorne	184	187	190	193	195	197	199	201	202	203	203	203
Verseau	184	188	191	193	196	198	199	201	202	203	203	204
Poissons	185	188	191	194	196	198	200	201	202	203	204	204

BÉLIER ET BÉLIER

Vous avez dit explosif ? Et pour cause ! Pour ces deux êtres de feu, l'amour ressemblera davantage à une joute qu'à un jeu. Et elle sera sans merci. Normal : chacun voudra être capitaine et, comme on sait qu'il ne peut y avoir qu'un maître à bord... Si c'est le plus excessif et dominateur des deux qui l'emporte (ce qui risque fort d'arriver), la traversée sera houleuse et pleine d'imprévus. L'Idéal serait de pouvoir canaliser la fougue (doux euphémisme) de chacun dans un exaltant projet commun. Enfin, il est impossible de nier leur entente immédiate, leur attirance épidermique et leurs échanges torrides.

BÉLIER ET TAUREAU

L'éternel enjeu de cette union ? Le rythme, toujours le rythme ! Pendant que le Bélier s'épivarde, court partout et défonce les portes ouvertes, le Taureau, peinard, prend ses aises et veille à son confort en dépensant le moins d'énergie possible. Qui énervera l'autre, pensez-vous ? Je n'ose même pas les imaginer en voyage ! Surtout quand il sera question d'argent. L'impulsif Bélier dépensera sans compter, tandis que le Taureau, radin, rechignera à la moindre dépense. Cela dit, au lit, ils peuvent se fasciner mutuellement, encore que... Non, vraiment, si j'étais à leur place, je passerais mon chemin.

BÉLIER ET GÉMEAUX

Ils s'adorent, ils s'émerveillent de l'impétuosité de l'un et de la vivacité de l'autre. Ils se pâment devant l'enthousiasme et la volonté de l'un et l'infinie souplesse et la virtuosité en société de l'autre. Ils s'admirent mutuellement et ont l'impression d'être plus forts à deux.
Le hic, c'est que ça ne dure jamais très longtemps. Leurs différences irréconciliables finissent par poindre fatalement et c'est la désillusion. Chacun, poussé dans ses retranchements, montre son côté obscur. La détermination du Bélier se transforme en autocratie tandis que la verve du Gémeaux se métamorphose en cruauté verbale. Bref, ce n'est pas toujours joli.

BÉLIER ET CANCER

Si le cocktail idéal pour une catastrophe annoncée n'existait pas, ils l'inventeraient. Et ils savent déjà fort bien le concocter. Comment concilier ces deux natures si étrangères l'une à l'autre ? Je me le demande, vous vous le demandez et... eux aussi. Des exemples ? La témérité du Bélier fait paniquer le Cancer en proie à des crises d'anxiété, tandis que le besoin de stabilité (pour ne pas dire le petit côté collant) de ce dernier exaspère au plus haut point le Bélier, farouchement indépendant. Bref, la fascination des premiers instants s'étiole vite pour laisser place à une amère déception. L'idée d'une aventure sans lendemain m'apparaît la meilleure.

BÉLIER ET LION

Caramba! Ça pétille et ça palpite entre ces deux-là! Mieux, ça s'enflamme, ça s'embrase et ça fait des feux d'artifice au moindre prétexte. Ou sans prétexte du tout. Je dirais même qu'il s'agit là d'une relation à combustion spontanée. Gare toutefois à ce que ce brasier ne se transforme en bûcher... Une fois le pire évité, ce tandem de feu promet de vivre une réelle complicité reposant sur une profonde admiration mutuelle. Dans ce couple, le besoin de s'extasier devant son partenaire, voire de le vénérer, est primordial. Tout comme l'est le désir de jouer, de se divertir et d'apprécier les bonnes choses de la vie. Avec ou sans modération, mais le plus souvent dans l'excès.

BÉLIER ET VIERGE

« Plus contraire que ça, tu meurs! », lancerait sans doute le vénérable Confucius dans un moment de fulgurance. Comment le contredire? Car à voir ces deux êtres si différents, on se demande même comment ils ont pu se rencontrer, de un, et de deux, qu'est-ce qu'ils ont bien pu se trouver? Est-ce l'effet de la drogue ou d'un aveuglement passager? Quoi qu'il en soit, le réveil s'annonce brutal (après une nuit, disons... étrange). Le besoin viscéral de tout dire du Bélier fera fuir la très discrète Vierge, qui restera de glace devant les épanchements bruyants (vulgaires, pensera-t-elle) de son compagnon. De son côté, le Bélier ne succombera pas à l'élégance innée de la Vierge, trop coincée à ses yeux. Match nul, quoi!

BÉLIER ET BALANCE

C'est fou comme ces deux signes opposés en tout point s'attirent. Mais combien de temps pourront-ils se plaire, s'épauler et... s'endurer? Là est la question. Car bien qu'ils soient complémentaires, ils vivent sur deux planètes. Résultat: les chocs sont fréquents et les étincelles aussi. Ce qui ne va pas sans laisser de traces, voire de séquelles... Mais bon, cette relation peut sembler idéale à ceux qui recherchent la passion. Reste à ne pas la confondre avec ce qui ressemble davantage à d'inévitables frictions qu'à une mutuelle adoration. À bon entendeur...

BÉLIER ET SCORPION

Autant le dire d'emblée, l'érotisme est au cœur de cette relation aussi intense qu'exaltante. L'attirance sexuelle est immédiate et irrésistible et les ébats sont endiablés, pour ne pas dire volcaniques. Et il n'est pas question ici d'un feu de paille ou d'une passion passagère. Non, cette entente intime est faite pour durer et pour s'approfondir. Et au réveil ? J'avoue que l'affaire est plus délicate. Rien d'étonnant devant deux caractères aussi bien trempés et aussi férocement indépendants. Qui voudra bien faire des compromis, céder une parcelle de son soi-disant pouvoir et faire un pas vers l'autre ? Les paris sont ouverts.

BÉLIER ET SAGITTAIRE

Boum ! Voilà l'effet qu'ils produisent l'un sur l'autre. Ici, la préposition *sur* a son importance, car c'est dans cette position, si j'ose dire, qu'ils se retrouvent le plus souvent. Et pas seulement au lit ou dans tout autre endroit où leur désir frénétique s'exprime de manière débridée. En effet, ils peuvent très bien tenter de compter vainement l'un *sur* l'autre, vouloir rejeter le blâme *sur* l'autre, et finir par se taper *sur* les nerfs. Bref, vous voyez le topo. Mais cela ne les empêche pas de jouir de la vie et de jouir tout court. C'est déjà pas si mal, quand on sait que la moitié de la planète meurt d'ennui avec son partenaire.

BÉLIER ET CAPRICORNE

Est-ce une attirance inexplicable qui leur aurait fait perdre la tête et tout sens commun ? Un moment d'égarement, un soir, en dehors de leur routine habituelle ? Il faut qu'on m'explique. Parce que, là, vraiment, ce lien, cette liaison – je n'ose dire « relation », tellement elle me semble improbable – me dépasse. Comment ces deux êtres volontaires et carrés peuvent-ils arrondir leurs angles ? Comment peuvent-ils se comprendre, eux dont les natures sont si tranchées ? On me dira que l'amour fait des miracles. Soit, mais il commet de grosses gaffes aussi.

BÉLIER ET VERSEAU

À première vue, leur relation franche, ouverte et libre peut sembler idéale. Et elle l'est, sous plusieurs aspects. Après tout, ces deux-là vivent pour se réaliser, pour goûter la vie et nourrir leur soif d'inconnu et d'aventure. Jusque-là, tout va bien. Mais il y a un mais. Car pendant que le Verseau philosophe, le Bélier fonce tête baissée dans l'action. Bref, l'écart se creuse. À moins que ce duo prenne conscience de ses forces respectives et les mette en commun. Alors, là, je ne réponds plus de ce couple, qui alliera combativité et ardeur à intelligence et ouverture aux autres. Et pour longtemps.

BÉLIER ET POISSONS

L'image qui me vient en tête quand je pense à ces deux charmantes créatures est celle de deux voisins de palier qui se croisent jour après jour et qui n'échangent jamais plus qu'un « bonjour » poli pendant des années. Simple question de différences, pensera le lecteur distrait. Erreur ! Car tout repose sur l'indifférence, entre ces deux-là. Quels intérêts, quelles affinités pourraient-ils bien trouver pour s'unir ? L'un veut faire le bien (l'humaniste Poissons) et l'autre veut se faire du bien (l'égoïste Bélier). Il y a un monde, que dis-je, un abîme entre eux. Dommage.

TAUREAU ET TAUREAU

Du solide, du sécuritaire, du durable. Ce couple n'est rien de moins que la Volvo du zodiaque. Le moteur ronronne, ça roule en douceur et la route est belle. Car pour le Taureau, digne fils de Vénus, l'esthétique compte pour beaucoup dans la réussite d'une randonnée à deux. Ce qui est bien aussi, c'est que la bagnole entretenue jalousement (jamais sortie l'hiver et entreposée dans un garage chauffé) ne court aucun risque de surchauffe ou d'excès de vitesse, encore moins de se retrouver dans le décor. Les amateurs de sensations fortes pourraient s'endormir au volant, mais pour ces deux Tourtaureaux, c'est tout bon : ils sont en voiture !

TAUREAU ET GÉMEAUX

Désolée de l'affirmer d'emblée, mais ces deux signes ont beaucoup de difficulté à trouver un terrain d'entente. À vrai dire, tout les sépare. L'un est virevoltant, tandis que l'autre marche d'un pas lourd. Vous voyez l'image. Si au moins les deux trouvaient quelque chose à admirer dans l'autre, il y aurait une lueur d'espoir, mais non. Sans compter que leur vision respective du couple est à des années-lumière. Le Gémeaux rêve de briller en société et de parcourir les grandes capitales avec son partenaire, tandis que le Taureau ne rêve que de popoter et de jardiner tranquillement en couple. Bref, les chances de succès sont minces. Très minces.

TAUREAU ET CANCER

Facile, douillette et paisible... Telle est la relation entre ces deux signes qui attendent à peu près la même chose de la vie et de l'amour, soit du confort et du réconfort. Le Taureau apporte au Cancer la sécurité matérielle et affective dont celui-ci est assoiffé. En échange, le Cancer, bon joueur, lui offre l'intimité et la douceur ronronnante dont il a tant besoin pour se sentir épanoui. Ça ne veut pas dire que tout soit rose pour autant. Car les deux ont un tempérament boudeur et rancunier qui peut vraiment les éloigner l'un de l'autre. Leur défi consistera à mieux communiquer entre eux. Et pas seulement devant un bon petit plat ou entre les draps...

TAUREAU ET LION

Le moins qu'on puisse dire, c'est que ça ne va pas comme sur des roulettes entre ces deux signes dotés d'un fort caractère. L'un est aussi flamboyant et égocentrique (le Lion, si vous en doutiez) que l'autre est lent, résistant et têtu... Je vous laisse imaginer les dégâts. Étonnamment, ils s'entendent bien au lit. Les désirs impérieux et tout feu tout flamme de l'un galvanisent l'autre au plus haut point en raison de sa sensualité chaude et instinctive. Ce qui complique un peu les choses une fois que le réveille-matin sonne, convenons-en. Mais les nombreux conflits auront tôt fait de refroidir leurs élans et de leur donner envie de fuir.

TAUREAU ET VIERGE

Une fois mis en confiance, ces deux signes prudents et dévoués font des merveilles en duo. Et c'est précisément ce qui se produit entre cette bête cornue pas si féroce et cette créature sage qui sait aussi être folle à ses heures. Ce qu'il y a de bien aussi dans cette relation qui force l'admiration (de ceux qui brûlent de connaître des relations qui durent plus qu'une nuit ou qu'un incroyable trois mois), c'est la capacité des deux signes à aplanir les difficultés et à faire des compromis sans amertume ni ressentiment. Chapeau ! Ils se retrouvent également tous les deux dans leur amour commun de la nature, des choses saines et vraies. Et au lit, même harmonie. Les corps exultent, le cœur palpite et l'esprit s'élève. Et les draps restent impecs. Qui dit mieux ?

TAUREAU ET BALANCE

« Là, tout n'est qu'ordre et beauté, luxe, calme et volupté. » Si ce couple devait avoir une devise, ce serait celle-là, empruntée aux vers de *L'Invitation au voyage* de l'auguste Baudelaire. Bien sûr, le Taureau, instinctif et rabelaisien, reste parfois sur son vorace appétit face à la délicate Balance, mais il gagne en souplesse et en délicatesse à son contact. Enfin, il le devrait. Quant à la Balance, elle peut avoir à redire sur le pragmatisme obtus de son Taureau, mais à son tour, elle gagne un ancrage dans le réel dont elle a bien besoin. Cela dit, les deux parlent le même langage, celui des sens.

TAUREAU ET SCORPION

Dieu du Ciel, comme cette relation est passionnelle (et je pèse mes mots) ! Entre ces deux partenaires, aucune nuance ni zone grise possibles. Soit c'est l'enfer, soit c'est le paradis. Soit ils se contredisent en permanence ou ils se complètent de la manière la plus étonnante. Soit ils traversent des turbulences *non-stop,* soit ils franchissent le mur du son avec grâce. Imprévisible, inflammable, déroutant... les mots me manquent pour décrire le lien qui les unit ou les sépare. Mais chose certaine, le désir occupe une place centrale dans ce couple. À vrai dire, ce duo est l'un des plus sexuellement explosifs du zodiaque. D'où cette passion dévorante.

TAUREAU ET SAGITTAIRE

Entre nous, si cette combinaison peut sembler étrange au départ, elle prend toutefois son sens à l'arrivée. Je m'explique. La confiance règne entre ces deux signes. L'entente intellectuelle est bonne et les échanges de points de vue toujours respectueux. L'entente au quotidien aussi est agréable. Là où ça tiraille, c'est lorsqu'il est question de voyages et de... fidélité. En effet, comment concilier l'esprit casanier, possessif du Taureau et la curiosité, le goût de l'aventure du Sagittaire ? Ce n'est pas impossible, à condition que les deux tempèrent leur nature respective, sans s'étouffer. Et c'est donc là que l'amour véritable prend tout son sens.

TAUREAU ET CAPRICORNE

Tout comme le tandem Taureau-Vierge, celui-ci a toutes les raisons de traverser le temps avec sagesse et sensualité. Il y aura peut-être quelques heurts autour de l'argent (qui voudra se montrer plus prévoyant et ~~économe~~ radin que l'autre ?), ce qui ternira parfois le plaisir d'être ensemble. Mais pour le reste, tous les espoirs sont permis. À condition qu'ils soient raisonnables, bien sûr. Car pour les débordements en tout genre, on repassera. Et le sexe dans tout ça ? Eh bien, il se porte bien, très bien même ! La chaleur du Taureau ayant le pouvoir de faire fondre la réserve glaciale du Capricorne, qui ne demande pas mieux. Bref, un couple fait pour durer et... s'endurer.

TAUREAU ET VERSEAU

Que se passe-t-il donc lorsqu'une personne archiconservatrice se retrouve sur une île déserte avec un être anticonformiste ? Assiste-t-on à une mer de conflits ou à une vague d'amour ? Hum, plutôt une mer d'huile, plate et figée. En effet, dans ce tandem forcé, tous deux ont si peu en commun qu'ils ne se donnent même pas la peine de débattre, tant leurs divergences sont profondes et irréconciliables. Alors, ils s'ignorent. Ou au mieux, ils se tolèrent dans un dialogue de sourds. Certains couples s'en accommodent très bien. Le Taureau, dans sa résignation accommodante, le pourrait, mais jamais le Verseau, trop idéaliste pour une telle tiédeur.

TAUREAU ET POISSONS

Que dire de cette alliance entre liquide et solide, sensualité et sensibilité, sinon qu'elle est réjouissante ? Mieux, qu'elle est l'une des plus romantiques et charnelles du zodiaque. Ensemble, ces deux signes pourtant différents, mais certes pas opposés, s'inspirent, se font du bien et font ressortir le meilleur de chacun. Bon, il y aura bien quelques prises de bec côté intendance : les traîneries du Poissons feront grogner le Taureau chaque fois que celui-ci pénétrera dans la chambre ou le bureau... Et le Poissons angoissera à l'idée de ne plus se retrouver dans tous ces rangements IKEA. Mais avouons qu'il y a pire...

GÉMEAUX ET GÉMEAUX

De l'air, de l'air et toujours de l'air ! Comment ces deux créatures aériennes peuvent-elles rester en place ? Impossible. Et c'est très bien comme ça. Car rien ne les ferait fuir davantage (si c'est Dieu possible) que d'avoir à éviter d'être pris en otage (c'est leur perception de la chose) par un amoureux dominateur et possessif. Revenons à notre couple aérien, qui se renouvelle sans cesse, l'un au contact de l'autre. Ils forment un couple très, très ouvert, curieux de tout, toujours en partance pour un voyage ou une nouvelle aventure.

Leur défi ? Se laisser libres l'un l'autre sans toutefois se perdre de vue dans le tourbillon de la vie.

GÉMEAUX ET CANCER

S'ils s'entendent à merveille sur les petits plaisirs du quotidien, ils ont toutefois du mal à se comprendre sur les aspects, disons, un peu plus graves de l'existence. Autrement dit, leur sensibilité est assez mal accordée. L'une est à fleur de peau, tandis que l'autre, sous des dehors rieurs et bon enfant, est peu empathique. Résultat : pleurs et grincements de dents sont à prévoir. À moins que l'hypersensible Cancer s'immunise au contact du Gémeaux et que ce dernier apprivoise ses émotions et les exprime avec plus de douceur. Le pari n'est pas gagné d'avance, mais il n'est pas impossible non plus. Ouf !

GÉMEAUX ET LION

Évidemment, l'attraction est immédiate, fulgurante. Et les premiers contacts pétillants et pleins de charme. L'envie mutuelle de mettre à profit leur intelligence et leur sens de l'action est aussi très grande, quasi irrésistible. C'est un couple qui peut se montrer spectaculaire et prodigieux en société. Mais là où le bât blesse, c'est dans la confrontation intime des ego. L'impérieux Lion pourrait exiger un traitement royal et loyal d'un Gémeaux très peu porté sur ce genre d'empressement, qu'il voit plutôt comme un vil asservissement, lui qui aspire à la liberté de flirter comme bon lui semble. Ouille ! Mais un Lion peut se raisonner et un Gémeaux, s'assagir.

GÉMEAUX ET VIERGE

Quel couple divertissant ! Du moins pour la galerie, car de l'intérieur, c'est franchement pénible ! Chacun pense secrètement qu'il est plus futé, plus brillant et plus perspicace que l'autre. D'où des critiques incessantes et assassines, surtout en public (le Gémeaux excelle dans l'art de tourner l'autre en ridicule). Ou encore des joutes verbales à n'en plus finir sur la nécessité de classer les livres par ordre alphabétique ou par couleur dans la biblio (un combat que la Vierge entend bien remporter). Si ça peut être stimulant au début, ça devient vite infernal. Mais ça reste toujours distrayant. Pour les autres.

GÉMEAUX ET BALANCE

Le moins qu'on puisse dire, c'est que ces deux-là déplacent beaucoup d'air. Primo, ils s'amusent comme larrons en foire dès leurs premiers échanges. Deuzio, ils se comprennent à demi-mot et le plus souvent dans un fou rire irrépressible (ce qui énerve les esprits chagrins). Et tertio, ils partagent la même sensibilité, ce qui règle bien des problèmes dans un couple, avouons-le. Il arrive souvent qu'ils forment un couple au travail, comme collègues ou associés. À moins qu'ils ne se lancent dans des projets créatifs ou irréalistes aux yeux des autres. Mais ça, ils s'en… balancent ! Et ils ont bien raison.

GÉMEAUX ET SCORPION

Bien qu'elle soit électrisante, cette relation peut se transformer en relation amour-haine si les deux partenaires n'y prêtent pas attention. En effet, la nature volage du Gémeaux peut rendre fou le jaloux et possessif Scorpion, et pourrait bien lui faire perdre la tête. Ce qui aurait pour effet de rendre le Gémeaux encore plus élusif et de souffler sur les braises. Conclusion : c'est une relation aussi délicate qu'orageuse qui s'annonce. À moins qu'une amitié venant d'on ne sait où apaise le climat tempétueux et les incite à allier leurs forces respectives dans une quête intellectuelle ou un projet vital pour chacun. Mais l'entreprise demeure, hélas ! risquée.

GÉMEAUX ET SAGITTAIRE

L'amour immodéré des voyages, la soif de conquête et d'aventure, unit profondément ces deux signes pourtant opposés du zodiaque. Aussi, s'ils font de parfaits compagnons de voyage, ils s'entendent toutefois moins bien au moment de défaire leurs valises, une fois à la maison. D'ailleurs, vivent-ils sous le même toit ? Pas si sûr, quand on connaît leur nature indépendante et qui ne souffre pas le moindre commentaire, sans parler des critiques ! Alors, laissons-les s'amuser, explorer le monde et passer de bons moments. Ils auront tout le temps de s'occuper de choses sérieuses… à leurs risques et périls.

GÉMEAUX ET CAPRICORNE

Si cette relation fonctionne, c'est qu'elle est simplement basée sur un intérêt mutuel. Dans le sens de calcul, il s'entend. Car s'ils se ressemblent peu - et ils en sont parfaitement conscients –, ces deux signes peuvent être utiles l'un à l'autre, surtout sur le plan professionnel ou en cas d'aspirations politiques. Bien entendu, ce couple ne vivra rien de bien amusant ni de transcendant sur les plans émotif ou sexuel, mais d'un point de vue pratico-pratique, chaque signe peut y trouver son compte. À condition que l'un et l'autre se laissent vivre sans trop se poser de questions. Bref, une alliance de raison, dont le cœur ne connaît pas la raison.

GÉMEAUX ET VERSEAU

Avec ces deux trublions du zodiaque, la vie s'annonce pleine de bonnes surprises et de rebondissements jubilatoires. La réciprocité est immédiate et l'entente intellectuelle, parfaite. Légers, imaginatifs et spontanés, ils s'aiment comme deux éternels adolescents qui ne cessent de se découvrir et de se fasciner mutuellement. Le plus souvent, leur lien repose sur une grande amitié et une profonde complicité. À tel point que, dans certains cas, le désir en vient à passer au second plan. Sinon, le sexe se vit dans l'humour et dans la fraîcheur de la nouveauté, mais souvent sans passion débordante. Normal, ces deux-là ne perdent jamais la tête. Même en amour.

GÉMEAUX ET POISSONS

Quand Claude Dubois écrivait « Y'est pas question d'aventure, séduire le temps disparu / Le cœur garde pour toujours malgré nous en mémoire nos amours / Peu importe les voyages que l'on fait jusqu'au bout de nous-même / Le cœur reste pour toujours malgré tout fidèle au rendez-vous », il décrivait sans le savoir le lien mystérieux qui unit souvent le Gémeaux et le Poissons. Il est vrai qu'à première vue, ils ont peu d'affinités, mais à force d'écoute et de réceptivité, ensemble, ils peuvent toucher au sublime. D'accord, j'exagère peut-être un peu. Mais pour un tel duo de penseur et de rêveur, tous les espoirs sont permis. Il suffit d'en avoir envie.

CANCER ET CANCER

Que d'eau ! suis-je tentée de dire devant cette fusion aquatique. Tout comme j'ai un soupçon d'inquiétude devant cette mer d'émotions qui pourrait bien les submerger tous les deux dès le premier émoi ou, pire, dès le premier malentendu. Mais peut-être que je me fais du souci inutilement. Après tout, il n'y a rien comme un être hypersensible, fragile et délicat pour en comprendre un autre en profondeur, sans jamais le juger ou se méprendre à son sujet. Le vrai défi reste, bien sûr, celui de la complémentarité. Car à trop se ressembler, on finit par devenir le clone de l'autre et à oublier de se définir soi-même...

CANCER ET LION

Nul besoin d'être Einstein pour deviner que ce couple (improbable) sera formé d'un dominant et d'un dominé, n'est-ce pas ? Est-ce à dire qu'il serait voué à l'échec pour autant ? Rien n'est moins sûr. Car malgré les apparences, ce duo peut traverser les années avec succès. L'histoire regorge de ces couples où l'un prend toujours l'initiative, décide de tout, tandis que l'autre se laisse imposer des décisions et va dans le sens de son partenaire. Tant que cet équilibre est préservé, tout baigne. Mais vienne le jour où l'un des deux s'interroge sur son rôle, voire le remet en question et tente de s'en affranchir, alors là, tout bascule. Simple question de vigilance.

CANCER ET VIERGE

Quel joli casse-tête que ce duo ! L'un vit dans le concret et se perd dans les détails, tandis que l'autre préfère l'invisible et aime se noyer dans un flot mouvant… Certains arrivent à se comprendre malgré leurs différences, et trouvent même un certain plaisir à s'affirmer en s'opposant… en douceur. D'autres, peut-être plus enclins à cultiver leurs ressemblances, se fuiront d'instinct, effrayés par tant d'incompréhensions annoncées, surtout dans la vie de tous les jours. À moins qu'ils préfèrent se retrouver sur un terrain plus ludique, en tant qu'amants tout court ou en tant qu'amis amants, où l'engagement n'est pas au programme.

CANCER ET BALANCE

Ciel ! Combien de *blind dates* désastreux ont été organisés pour unir ces deux-là sous prétexte qu'ils se ressemblent ! Profonde erreur ! D'accord, ces deux signes sont sensibles, délicats, imaginatifs et émotifs. Mais ils ont beau jouer du même instrument, ils ne vibrent pas au même diapason. En cas de problème ou de malheur, le Cancer, un tantinet boudeur et enfantin, se sentira délaissé et incompris, tandis que la frivole et froide Balance se lassera vite des demandes incessantes de son compagnon… Conséquence : il y a fort à parier qu'ils se ruineront en thérapies de couple. Ou en frais de divorce.

CANCER ET SCORPION

Attirance magnétique, complicité immédiate, rencontres riches en émotions, conversations profondes, sensibilités en harmonie, entente sexuelle hors du commun… Ces deux signes d'eau ont tout pour s'entendre. Là où ça peut coincer, c'est lorsque le Scorpion cède à sa tendance dominatrice et cherche à contrôler à tout prix son partenaire, certes conciliant, mais pas mollasson pour autant. Ou encore quand le Cancer pèche par excès de susceptibilité, ce qui exaspère le Scorpion pince-sans-rire. C'est alors la désillusion mutuelle. À moins qu'un dialogue ouvert soit lancé, dès le départ. Dans ce cas, l'harmonie est souvent au rendez-vous.

CANCER ET SAGITTAIRE

«Les contraires s'attirent.» Ce couple de feu et d'eau est l'exemple parfait de cet adage qui repose sur quelques vérités. Oui, ces deux-là sont curieux l'un de l'autre et flirtent avec la possibilité de se connaître davantage et d'aller plus loin, si affinités. Mais une fois l'effet de nouveauté passé, ils se rendent à l'évidence: leurs différences sont irréconciliables. En effet, l'un est aussi casanier que l'autre est aventurier; l'un rêve d'engagement éternel pendant que l'autre est jaloux de sa liberté. Mais cela ne les empêche pas de passer d'excellents moments ensemble, le temps d'une échappée belle...

CANCER ET CAPRICORNE

D'accord, ce couple a de quoi étonner au premier abord, mais quand on y regarde de plus près, on saisit ce qui les unit. Oui, l'un est plus rêche et plus froid que l'autre. Oui, l'un est plus expressif et plus imprévisible que l'autre. Mais les deux partagent le même besoin de sécurité, de loyauté et de fidélité en amour. Sans compter qu'ils éprouvent tous deux cette envie d'être apprivoisés en douceur et d'être compris en profondeur avant même de songer à s'abandonner dans les bras de leur partenaire. Comme ils sont sur la même longueur d'onde, ils réussissent à faire tomber leurs défenses respectives avec le temps, sans se refermer comme des huîtres ni avoir l'envie de fuir. C'est sans doute la clé du mystère...

CANCER ET VERSEAU

Bien malin qui saura prédire la tournure de cette relation, tant elle est sujette aux rebondissements. Au premier contact, tout semble léger et aller de soi. La relation est facile et transparente. Mais, très vite, cette apparente complicité perd de son pétillant et devient banale. Le désir s'étiole et les conversations sont moins stimulantes. Résultat: le Verseau, en quête perpétuelle de renouveau, rêve de déguerpir — ce qu'il finit par faire — et le Cancer se retrouve seul et dépité devant son plat de pâtes au crabe qu'il avait pourtant si bien cuisiné. Peiné, le Verseau tente une réconciliation alors que le Cancer boude. Le dialogue de sourds s'engage. Jusqu'au prochain tour de manège...

CANCER ET POISSONS

Que dire d'eux sinon qu'ils se sont trouvés ? Guidés par leur intuition, ils se sont immédiatement devinés et reconnus. Ils se comprennent à demi-mot et s'accordent une confiance mutuelle, pleine et entière. Tous deux recherchent le bonheur et ils sont prêts à tout pour le préserver. Bien sûr, ils ne gagneront pas de médaille pour leur manque total de sens pratique ni pour leurs finances gérées de manière fantaisiste, mais qu'importe, puisqu'ils vivent d'amour et d'eau fraîche (tant pis pour leur banquier) ! Fusionnel, ce couple vibre aux mêmes élans de romantisme et de poésie. Si bien qu'avec eux l'amour existe encore.

LION ET LION

« Ni avec toi ni sans toi », telle est la devise de ce couple magnétique et pourtant incapable de vivre en paix. Car il y a fort à parier que ce duo, tout d'abord animé par une force d'attraction quasi animale, se livrera vite à une déchirante guerre des ego. Résultat ? Choc de deux orgueils excessifs, confrontation de deux personnalités puissantes et volontaires, et *clash* des besoins titanesques des deux partenaires sont à prévoir. Cette relation flamboyante et magnétique ne sera certes pas de tout repos. Alimentés par les rivalités, voire par les accès de jalousie, les partenaires risquent de se damner l'un comme l'autre. Mais la passion a parfois ce prix.

LION ET VIERGE

Ce duo de l'ombre (la Vierge) et de la lumière (le Lion) peut parfois créer d'heureux paradoxes. Leurs différences mutuelles sont suffisamment marquées pour poser un défi, mais comme rien n'est jamais décidé d'avance, le jeu en vaut la chandelle. D'autant que l'entente intellectuelle s'annonce formidable et franchement satisfaisante pour les deux signes. À tel point qu'ils pourraient devenir d'excellents partenaires d'affaires et lancer une entreprise avec succès. En revanche, la complicité affective et sexuelle s'annonce décevante : l'ardeur de l'un et la réserve de l'autre font difficilement bon ménage.

LION ET BALANCE

Si j'avais à parier sur la longévité à toute épreuve d'un couple du zodiaque, celui-ci serait mon premier choix. Pourquoi donc, se demande le lecteur curieux? Parce que ces deux-là vont aussi bien ensemble que Barbie et Ken, ou que Brad Pitt et Angelina Jolie, si vous préférez. Les deux aiment bien paraître en société et paraître tout court. Ils sont aussi assoiffés l'un que l'autre de prestige, de luxe et de pouvoir. Sans oublier qu'ils sont de sérieux fêtards. Ils partagent une même approche de la vie, avec ce qu'elle a de meilleur à offrir. Une ambition dévorante peut parfois refroidir leurs ardeurs, mais la plupart du temps, la complicité et la passion sont totales.

LION ET SCORPION

Voilà une alliance qui ne manque pas de superbe! Ainsi réunies pour le meilleur et pour le pire, ces deux personnalités fortes, ambitieuses et volontaires peuvent aspirer à de grandes choses. Seule condition, ils devront chacun apprendre à se soumettre aux désirs de l'autre et à lui céder du terrain de temps à autre. Or, quand on sait que chacun s'estime comme le plus admirable et le plus doué pour le commandement, on peut conclure, hélas! que les conflits et les déchirements risquent de se multiplier. Heureusement, la passion les tiendra en haleine, tout comme leur admiration mutuelle, véritable ciment de leur union.

LION ET SAGITTAIRE

Quel couple que ces deux signes de feu! Optimistes, fougueux et débordants d'énergie, ils sont faits pour s'entendre. Parce qu'ils partagent le même penchant pour le risque et l'aventure avec un grand A, ils se réalisent pleinement. À deux, ils osent vivre leurs rêves et tendre vers ce qui reste inaccessible au commun des mortels. Leur appréciation, que dis-je, leur admiration mutuelle, les galvanise et renforce leur pouvoir respectif. Gare toutefois à ne pas brûler la chandelle par les deux bouts! La flamme qui les anime doit être contenue pour ne pas se consumer trop vite et leur laisser un goût de cendre...

LION ET CAPRICORNE

La clé du succès d'un tel couple, où les tempéraments sont si fondamentalement différents? L'art du compromis. Aussi, le Capricorne, froid et rigoureux, devra renoncer à vouloir tempérer les goûts de luxe du Lion, qui, à son tour, gagnera à respecter le besoin de silence et de calme de son partenaire, plus introverti. Bien entendu, comme le naturel revient vite au galop, des tensions sont à prévoir… jusque dans la manière de les dissiper. Le Lion voudra vider la question sans attendre, tandis que le Capricorne réclamera un temps de réflexion avant de s'exprimer. Passés ces désaccords, les partenaires peuvent aspirer à construire une relation durable… mais exigeante.

LION ET VERSEAU

Rien n'est simple entre eux. Rien. Parce qu'ils s'attirent autant qu'ils se repoussent, ces partenaires finissent souvent par se miner mutuellement. L'un réclame un amour total et exclusif, et l'autre a besoin d'indépendance et de liberté. Ou l'un aspire à voir plus de flamboyance chez son partenaire Verseau, tandis que l'autre rêve d'une plus grande modestie de la part de son partenaire Lion. Et puis, quand ce n'est pas le manque de communication qui les divise, c'est au tour du sentiment d'isolement de prendre le relais et de les éloigner davantage. Que de complications inutiles !

LION ET POISSONS

Entre eux, tout se joue sur un imparable rapport de forces. Si je voulais caricaturer leur lien, je dirais que c'est le portrait du maître et de l'esclave, décliné en 50 nuances de gris. Et pour que la relation fonctionne, l'un devra fatalement se soumettre à l'autre, dans la vie comme au lit. Évidemment, l'autoritaire Lion dominera le Poissons nonchalant, qui en redemandera, subjugué par son partenaire si sûr de lui. Mais le Lion finira pas se lasser d'une proie aussi facile. À moins que… le Poissons tente de s'affirmer (ce qui serait une excellente chose) et donne un peu de fil à retordre à son partenaire de feu et, du coup, qu'il attise les braises. Il est permis de rêver !

VIERGE ET VIERGE

Quand on connaît la nature perfectionniste et… le sens critique de la Vierge, cette association me semble de très bon augure. Après tout, les deux partenaires feront tout pour être à la hauteur des exigences de l'autre, en plus d'apprécier la teneur intellectuelle de leurs rapports. Cela dit, ce couple ne sera pas un modèle de fougue (les deux aiment trop garder le contrôle et la tête froide pour s'adonner à des élans débridés), mais il a toutes les chances de durer longtemps. D'ailleurs, rien ne plaît mieux à ce couple irréprochable que de couler ses jours doux et discrets sur un loooooong fleuve tranquille.

VIERGE ET BALANCE

À eux deux, ces partenaires pourraient rédiger le prochain best-seller : *L'éloge de la tiédeur ou comment j'équilibre ma vie de couple en toutes circonstances sans pourtant mourir d'ennui*. Ne riez pas, ce livre pourrait changer la vie de bien des gens, ceux qui envient secrètement la douce harmonie, le sens inné de la mesure et la stabilité à toute épreuve de ce couple d'air et de terre. La tiédeur peut parfois rimer avec fadeur, je vous l'accorde, mais ce duo complice s'en accommode parfaitement. Seul bémol, le sens critique aigu de la Vierge peut heurter la Balance, qui, à son tour, peut exaspérer la Vierge par sa frivolité. Mais les câlins ont raison de bien des désaccords.

VIERGE ET SCORPION

Entre le cœur, les pulsions et la raison, ce couple (improbable) balance. Qu'est-ce qui triomphera ? Qu'est-ce qui les élèvera ? Et qu'est-ce qui les mènera à leur perte ? Car, il faut bien le dire, ces deux êtres ont si peu en commun, sauf peut-être une grande intériorité. Mais comme ils ne sont pas sur la même longueur d'onde, ils auront un mal fou à se comprendre, d'autant plus qu'ils peinent à exprimer leurs désirs et leurs émotions. Mon pronostic : oui, pour un flirt, une histoire d'un soir ou deux, mais au-delà de ça, les chances de réussite de cette relation sont minces. À moins d'efforts surhumains de la part des deux partenaires. Mais bon...

VIERGE ET SAGITTAIRE

Fascinant, ce couple est capable du meilleur comme du pire. La Vierge, minutieuse et organisée, voudra-t-elle mettre de l'ordre dans les projets fous du Sagittaire et l'aider à les concrétiser ? En échange, le Sagittaire consentira-t-il à révéler et à stimuler le côté fantaisiste, trop souvent réprimé de la Vierge, pour mieux la libérer de son carcan ? Ce serait formidable ! À moins que les deux ne se reprochent continuellement leurs différences, se crispent et fassent de leurs vies respectives un enfer. Dans ce cas, ce serait franchement pénible et stérile. Le tout est de savoir de quel côté les deux partenaires penchent. Et ce, le plus rapidement possible.

VIERGE ET CAPRICORNE

Comme dans tous les couples, il y a ce que l'on perçoit en surface et ce qui agit en profondeur. Ce couple de terre n'y échappe pas. Froid, rationnel et pragmatique (en surface), ce couple fonctionne comme une machine bien huilée. Rien à redire. Équilibré, avec des partenaires complices et extrêmement attachés l'un à l'autre (ça, c'est pour le côté profond), ce couple parfaitement assorti peut parier sur la pérennité à deux. Une fois ses racines bien prises, ce duo gagnera à laisser pousser ses ailes, histoire de se donner encore plus d'envergure. Ce qui viendra sûrement avec le temps qui, ne l'oublions pas, est de leur côté.

VIERGE ET VERSEAU

Autant vous le dire d'emblée : ces deux créatures, l'une d'air et l'autre de terre, ont si peu d'affinités, et encore moins d'envies de s'en trouver, que toute union digne de ce nom est quasi impossible. Et pourquoi donc ? Parce qu'à trop vouloir forcer les choses (et leur nature), elles vont se rendre folles ! La Vierge, contrôlante, étouffera vite le Verseau, indépendant et allergique à l'engagement. Et le Verseau, imprévisible, fera rager (ce qui n'est pas rien !) la Vierge, incapable de tolérer la moindre ambiguïté et encore moins les changements de dernière minute. La vie passe si vite, pourquoi diable se la rendre misérable ?

VIERGE ET POISSONS

En amour, il arrive très souvent que les opposés s'attirent... et pour les bonnes raisons. C'est le cas de ce couple qui se complète à merveille. En effet, les forces de l'un profitent à l'autre et le font grandir. Concrètement, la Vierge, admirablement bien structurée, proposera le cadre de vie qui manque tant au Poissons, en quête de repères sécurisants. En retour, le Poissons apportera cette dose de merveilleux, voire de magie, que réclame secrètement la Vierge, coincée dans la routine. Et sur le plan sexuel, l'entente pourrait se révéler profonde et exaltante. Ce qui est loin d'être négligeable.

BALANCE ET BALANCE

Sans surprise, la complicité est immédiate entre deux créatures de ce signe d'air. En raison de leur ressemblance, bien entendu, mais aussi de leur désir mutuel de conjuguer la vie à deux. Car de tous les signes, la Balance est la mieux faite pour vivre en couple. Alors, imaginez lorsque deux Balance se rencontrent : chacune nourrit le romantisme de l'autre. Mais ce désir commun de vivre en harmonie avec la Terre entière et de séduire chaque être vivant pose parfois problème. En effet, la fidélité pourrait être le maillon faible de leur lien. À moins qu'elles aient la brillante idée d'être infidèles en même temps. La Balance est tellement accommodante...

BALANCE ET SCORPION

Si l'aérienne Balance pouvait déployer ses ailes et fuir le Scorpion dès le premier échange de regards ou la première poignée de main, elle le ferait, tant ce dernier lui fait peur. Et elle a raison d'avoir peur, car ce signe d'eau croupissante n'en ferait qu'une bouchée. Trop solitaire, trop exigeant et trop tout court pour la Balance toute en nuances. Ce qui semble idéal pour une aventure (le frisson est un puissant érogène et les rapports de domination aussi) pourrait être catastrophique pour une relation à long terme. Allez, même à court ou moyen terme. Mais voilà, on ne peut pas empêcher un cœur d'aimer ni un corps de s'abandonner, n'est-ce pas ?

BALANCE ET SAGITTAIRE

Aussi surprenant que cela puisse paraître, ces deux signes sympathisent le plus naturellement du monde. Ils partagent vite la même quête de beauté, de dépassement et d'ouverture sur le monde. S'ils forment un couple, c'est pour mieux aller vers les autres, faire un tas de choses intéressantes, parfois mondaines, parfois philanthropiques, jamais banales. Ils voyagent bien ensemble et ils ont ce goût commun de la découverte et de la nouveauté. L'ennui n'est pas au programme. Il arrive qu'à trop tourbillonner, ils se perdent de vue ; mais jamais pour très longtemps.

BALANCE ET CAPRICORNE

Aïe ! J'entends d'ici les notes discordantes. Pour tout dire, ces deux-là ne sont pas faits pour être ensemble. Du moins pas pour très longtemps. Car les agacements se font vite sentir. Et les reproches fusent sans attendre. Trop froid, trop dur et calculateur pour la Balance, le Capricorne perdra son sang-froid devant la sautillante et versatile Balance. Bref, ce couple, si couple il y a, devra prévoir de longues discussions pour clarifier d'inévitables malentendus. Et des kilomètres de gaze stérilisée pour panser leurs plaies respectives.

BALANCE ET VERSEAU

Le coup de foudre est à prévoir entre ces deux signes aériens, légers comme une plume et ouverts à tous les possibles. La communication est facile, simple et stimulante. Les sorties sont brillantes, les projets, nombreux et le désir de se plaire, mutuel. N'est-ce pas merveilleux ! pensez-vous. Mais rien n'est parfait. Car si les premiers mois sont fabuleux, il arrive que cela se corse lorsqu'il est question d'engagement — et je ne parle même pas de mariage. En effet, le Verseau, jaloux de sa liberté, tend à redouter le besoin profond d'union de la Balance. Lequel inspire l'autre, l'influence et le fait pencher en sa faveur ? Entre eux, rien n'est jamais joué...

BALANCE ET POISSONS

Si cette relation survit aux tergiversations et aux valses-hésitations du Poissons, cela tiendra du miracle. D'autant plus que la Balance n'aura pas son pareil pour hésiter à son tour, pour se demander, entre autres questionnements, si cette union a de l'avenir. Et les conversations interminables à s'interroger pour savoir si on est fait l'un pour l'autre, si on se mérite, si on peut survivre à la cruauté de l'existence, je ne vous dis pas ! Mais une fois ce supplice passé, il n'est pas impossible que ces deux âmes sensibles s'unissent pour le meilleur... et pour le pire. Mais ça, on le savait déjà. Reste à décider de la date et du lieu du mariage. Et c'est reparti pour un tour !

SCORPION ET SCORPION

Vrai, on pourrait croire que ces deux êtres du même signe sont faits non seulement pour s'entendre, mais aussi pour s'éprendre furieusement l'un de l'autre. Après tout, ils sont faits de la même eau, n'est-ce pas ? Mais voilà, c'est précisément pour cette raison qu'ils risquent d'être submergés... à trop vouloir toucher le fond sans penser à remonter. En revanche, leur relation passionnelle leur donnera tout le loisir (parlons plutôt de sports extrêmes) de s'attirer, de se repousser, de se déchirer et de se retrouver. Bref, de se déstabiliser pour mieux se réinventer et s'aimer. Chacun son truc. L'essentiel, c'est de maîtriser la technique de plongée en eaux profondes...

SCORPION ET SAGITTAIRE

La force d'attraction, si puissante à ses débuts, pourrait, hélas ! se transformer en force de répulsion (si ça n'existe pas, ce tandem l'inventera à coup sûr !) dès que les masques tomberont quelque peu. Car vivre dans la tourmente fera galoper le Sagittaire lumineux, tandis que l'optimisme à tout crin de ce dernier se révélera vite insoutenable pour le Scorpion, soupçonneux et fataliste. Bref, passé le coup de foudre (et les ébats torrides qui l'accompagnent), les chances de jouer les prolongations sont quasi inexistantes. Et compte tenu de leur pulsion de vie trop opposée pour se compléter, c'est sans doute mieux comme ça.

SCORPION ET CAPRICORNE

Certes, le véritable amour est inconditionnel, mais dans le cas qui nous occupe, il est possible à trois conditions. La première ? Ces deux personnalités fortes devront apprendre à se faire confiance. La deuxième ? Elles auront tout intérêt aussi à cesser de dissimuler leurs sentiments (le Scorpion, par orgueil, et le Capricorne, par pudeur). Et la troisième ? Elles gagneront (beaucoup) à accepter le besoin qu'elles ont l'une de l'autre. Une fois réunies, ces conditions seront prometteuses d'une relation authentique et apaisée. Sans quoi le Capricorne et le Scorpion rateront une formidable occasion d'aimer et d'être aimé.

SCORPION ET VERSEAU

« Bien sûr, nous eûmes des orages / Vingt ans d'amour, c'est l'amour fol / Mille fois, tu pris ton bagage / Mille fois, je pris mon envol », entonnait Jacques Brel dans *La chanson des vieux amants.* Celle-ci résume à merveille le tango affectif qui caractérise bien souvent la relation entre ces deux signes. Entre crises de jalousie, fuite en avant, incompréhensions et exigences impossibles, les deux partenaires se font autant de bien que de mal. Bref, ce lien, quoique vertigineux et prenant, peut se transformer en un cercle vicieux dont il est difficile de s'extraire. À moins d'éviter d'y entrer. Mais la tentation pourrait être trop forte, hélas !

SCORPION ET POISSONS

Entre les deux s'établit une communication intense, mystérieuse et totale. Les mots sont souvent superflus. C'est d'ailleurs très souvent les sens qui prennent le relais. Le toucher, les gestes d'affection et les ébats langoureux sont au cœur de cette relation qui échappe à la raison. Tout ici est émotion. Résultat : ce couple peut perdre le contact avec la réalité et s'égarer dans un univers parallèle. Ou encore se complaire dans l'exploration en eaux profondes, au risque d'être englouti. Disons toutefois que les partenaires moins extrêmes auront un grand plaisir à échanger, à voyager et à vivre ensemble... à leur façon.

SAGITTAIRE ET SAGITTAIRE

Idéalisme, passion et goût de l'aventure... Avec de tels ingrédients, qu'ils s'empressent de mettre en commun, ces deux conquérants sont assurés d'aller au bout d'eux-mêmes. En quête de nouveaux projets à réaliser et de nouveaux territoires à explorer, ils pourraient toutefois se perdre de vue, surtout s'ils cavalent dans des directions différentes. Et si les occasions de flirts et d'infidélités sont (trop) tentantes. Mais comme ils sont ouverts et indépendants, c'est le cadet de leurs soucis, d'autant plus qu'ils s'aiment et se font mutuellement confiance. Évidemment, ils formeront un duo de voyageurs inspirés, inspirants et parfaitement assortis.

SAGITTAIRE ET CAPRICORNE

Que dire de cette combinaison pour le moins étrange ? L'un froid, strict et solitaire et l'autre solaire, exubérant et solidaire... J'ai beau tenter de voir comment ces deux êtres dissemblables pourraient bien se rejoindre, eh bien, franchement, je ne trouve pas. Trop d'explications, de malentendus et de compromis sont à prévoir pour que ce couple trouve un relatif équilibre sans toujours que l'un des deux se sente brimé, éteint ou incompris. Et puis ces valeurs, ces priorités, ces buts qu'ils ne placent pas au même endroit. Frustration assurée. À moins qu'ils abandonnent une trop grande partie d'eux-mêmes... Mais à quoi bon ?

SAGITTAIRE ET VERSEAU

Respect et admiration mutuels, complicité immédiate et réelle, même sociabilité, même sens de l'émerveillement et même envie de parcourir la planète... Ces deux grands idéalistes sont faits pour être ensemble, ici comme ailleurs, et pour embellir le monde autour d'eux. Chacun des partenaires sait comment puiser le meilleur du couple et disposer d'une saine indépendance (ils se laissent de l'air) sans jamais manquer d'empressement et de disponibilité pour l'autre. C'est la clé du succès de leur relation, qui repose sur un savant dosage d'amitié, d'amour et de désir. (Oui, ils font parfois des envieux.)

SAGITTAIRE ET POISSONS

Aïe ! Que de tensions dans cette union incongrue d'un poisson et d'un étalon ! Un tel être d'eau douce et une pareille créature de feu ont si peu en commun que c'est à se demander comment ils ont pu se croiser, s'attirer et avoir envie d'être ensemble. Certes, ils partagent la même envie d'évasion, mais ils la déclinent de manières si différentes : le Poissons en rêve tandis que le Sagittaire la vit au grand galop. Rien que pour ça, leur relation s'annonce conflictuelle et terriblement frustrante. Le Poissons attendra péniblement le retour du Sagittaire, qui lui-même piaffera d'impatience devant l'inertie du Poissons. Cela n'augure rien de bon, j'en ai bien peur.

CAPRICORNE ET CAPRICORNE

Prenez deux introvertis froids, pudiques et casaniers... Prenez deux personnalités calculatrices, ambitieuses et volontaires... Prenez deux partenaires fidèles, vulnérables et terrorisés par l'idée d'être abandonnés... Vous obtiendrez un couple certes sérieux, stable et loyal, mais franchement terne et frileux. Sans compter que leur manque d'ouverture sur l'extérieur (ils auront le sentiment de se suffire à eux-mêmes) pourrait menacer à terme de les priver de l'oxygène essentiel à la santé de leur couple. Mais s'ils peuvent rester vigilants, faire preuve de souplesse et se laisser aller à un brin de fantaisie, ils ont de belles (et sages) années devant eux.

CAPRICORNE ET VERSEAU

Rien ne coulera de source entre ces deux êtres aux tempéraments, aux valeurs et aux intérêts si éloignés. Mais si d'aventure ils tentaient de se lancer dans une relation amoureuse, il y a fort à parier que l'idée d'engagement aura tôt fait de les éclairer sur leurs divergences d'opinions. Le Capricorne, entier et traditionnel, réclamera un engagement que le Verseau, individualiste et ennemi des conventions, ne sera pas en mesure de lui accorder. Pas par mauvaise volonté ni manque de sensibilité, mais bien parce que c'est contraire à sa nature. Quant au Capricorne, pétri d'insécurités, il ne pourra pas laisser au Verseau la latitude voulue sans en souffrir affreusement.

CAPRICORNE ET POISSONS

Une exquise rencontre, de charmants échanges, voire de beaux moments d'intimité... Mais au-delà de ce joli tableau, il y a peu à attendre de cette relation qui manque drôlement de punch. Les deux partenaires éprouveront une certaine complicité, mais ils resteront toujours sur leur faim, surtout sur le plan sexuel. L'un (le Poissons) étant plus fusionnel et olé olé que l'autre, plus réservé et traditionnel au lit. Mais là où ça risque davantage de coincer, c'est lorsque la réalité reprendra ses droits. Le Poissons, évasif et allergique à tout ce qui est concret, rendra fou (le mot est faible) le Capricorne, puissamment ancré dans le réel.

VERSEAU ET VERSEAU

Si l'amour-amitié n'existait pas, ce couple de signes d'air l'inventerait. C'est donc par le biais de la complicité et de la camaraderie que s'épanouit le plus joliment leur lien. Libre et anticonformiste, ce duo rafraîchissant recherche le plaisir et l'aventure dans son sens noble. La vie à huis clos, très peu pour eux : ils aiment sortir, se distraire et multiplier les rencontres, les voyages et les expériences humaines. Très respectueux de la liberté de leur partenaire, ils se laissent l'espace nécessaire pour s'épanouir en dehors de leur couple. Si leur relation peut parfois manquer de passion, elle se nourrit d'une exquise entente intellectuelle et spirituelle.

VERSEAU ET POISSONS

Pendant que le Verseau, idéaliste et visionnaire, réinvente le monde de manière virtuelle, le Poissons, sensible et sentimental, rêve d'un univers parallèle où les émotions et les élans du cœur auraient la part belle. Et quand ils s'attirent, ils réalisent vite qu'ils ont très peu de choses en commun. Non seulement ils ne parlent pas le même langage, mais ils n'arrivent pas non plus à trouver des repères ou des ancrages chez l'autre. Malgré toute la bonne volonté du monde, ils restent deux étrangers certes délicats et polis, mais deux étrangers tout de même. Bref, deux petits tours et puis s'en vont... vers un être qui leur correspondra mieux.

POISSONS ET POISSONS

« Cui cui ! », peut-on entendre le plus souvent sur le passage de ces deux tourtereaux. Imaginatif, romantique et empreint de merveilleux, ce couple jouit également d'une entente affective profonde et intime, et d'une entente érotique absolue. À deux, ils s'inventent un univers qui n'appartient qu'à eux seuls et qui les protège de la cruauté du monde extérieur. Fusionnels à l'extrême, ils risquent cependant de verser dans le sentimentalisme et la dépendance à outrance. L'un ayant beaucoup de mal à décider et à faire quoi que ce soit sans l'autre, ils risquent parfois de se limiter individuellement. Mais quoi qu'il arrive, l'amour triomphera toujours.

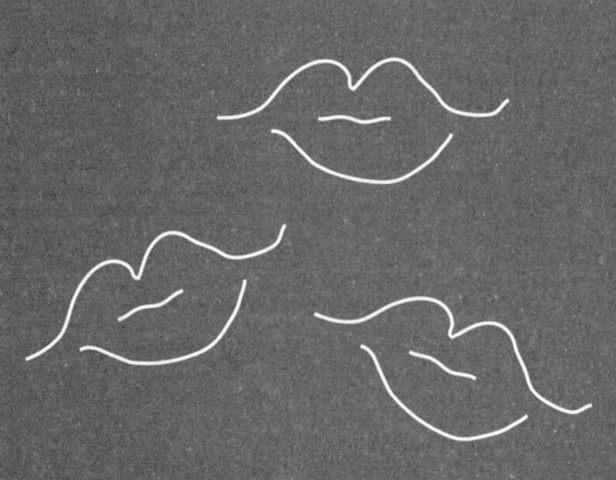

REMERCIEMENTS

Un merci affectueux à toute l'équipe des Éditions Transcontinental, tout particulièrement à Mathieu de Lajartre, qui a cru à ce projet fantaisiste dès notre première conversation, et à Marie-Suzanne Menier, dont la compétence a éclairé chaque jalon de cette aventure. Bien sûr, mille mercis à mes amis Yves Marcoux, Richard Verdon et Louise Lamarre, qui m'ont insufflé leur enthousiasme et rappelé de mettre le livre au cœur de mes mille et un projets. Je les embrasse.